Para

Com votos de muita

paz e luz.

UMBERTO FABBRI | GERALDO CAMPOS

Deolinda
uma chance para perdoar

MasterBooks

MasterBooks

DEOLINDA
An imprint of MasterBooks
6136 NW 53rd Circle, Coral Springs, FL 33067
Email: Masterbooks@masterbooksus.com
Contact@masterbooksus.com

DEOLINDA

International Cataloguing Information in Publication
DEOLINDA / Umberto Fabbri - Florida - US

For information about bulk discounts or to purchase copies of this
book, please contact MasterBooks at 954-850-2129 or
contact@masterbooksus.com

Cover by André Stenico
Revision by Maria Esguicero

Printed in the United States of America

256 p

Deolinda

uma chance para perdoar

"Reconcilia-te o mais depressa possível com o vosso adversário, enquanto todos estais a caminho, para que ele não vos entregue ao juiz, o juiz não vos entregue ao ministro da justiça e não sejais metidos em prisão. Digo-vos, em verdade, que daí não saireis, enquanto não houver pago o último ceitil."

(Mateus, 5:25)

SUMÁRIO

EM TORNO DA VINGANÇA...

Na escolha equivocada que possamos incorrer em querer fazer justiça com as próprias mãos, criamos verdadeiras armadilhas, teias que nos aprisionam. Uma vez embaralhados em seus finos cordões, por vezes, poderemos consumir séculos, na tentativa de nos desembaraçarmos dos enganos que tecemos.

Mantendo a chama viva do ódio que enceguece, não calculamos o esforço e o tempo empreendidos para tentar consumar nossa falsa justiça, agindo alienadamente em busca de pura satisfação pessoal, que ilusoriamente acreditamos encontrar no sofrimento do outro. No fundo, desejamos que ele sofra como nós sofremos.

Isto se dá por absoluta falta de amor Fraterno, construindo, dessa maneira, verdadeiro inferno interior, desprezando oportunidades evolutivas oferecidas pelo Criador, cujas Leis justas permitem que o desertor possa refazer o mal, adequando-se à realidade da vida, de conformidade com o Evangelho do Cristo.

O dispêndio das energias e do tempo empregados nos escaninhos da vingança, por meio da atitude viciosa do ódio, cria as algemas que nos prendem ao passado, tal qual pesados grilhões, que não nos possibilitam alçar voos para o Deus interior, que vibra em nós.

Alguns personagens de nossa história relegam o

tempo sagrado do esforço evolutivo para segundo plano, na procura insaciável pela falsa justiça, na qual, ao contrário de solução, produzem maiores problemas.

Exatamente por isso, o ódio terá que ser inevitavelmente substituído pelo amor, bem como a vingança deverá ser trocada pela reconciliação. Em Mateus, 6:33, o Senhor nos ensinou: *"(...) buscai primeiro o Reino de Deus e a Sua Justiça, e todas estas coisas vos serão acrescentadas"*, deixando transparente que, ao buscarmos Deus, manteríamos a consciência tranquila em relação à Sua Justiça, afastando-nos da condição de infelizes e incautos juízes.

Geraldo Campos

CAPÍTULO 1

DEOLINDA

Deolinda nasceu na década de 1960. Era uma menina formosa, com lindos cabelos aloirados e cacheados, lembrando as pinturas dos anjos do famoso pintor e escultor italiano Michelangelo (1475-1564). Na pele rosada de seu rosto, seus olhos azuis claros completavam aquela beleza sem par.

Nascida no sul do Brasil, era neta de ingleses, tanto pelo lado paterno como materno. Seus avós haviam imigrado para o Brasil, com aqueles que seriam seus pais, ainda crianças, no período da Segunda Guerra Mundial, ocorrida entre 1939 e 1945, quando a Europa e, particularmente, a capital inglesa foram terrivelmente assoladas pelo flagelo.

Segundo analistas, apesar de não se possuir números oficiais, em virtude da falha do censo em muitos países, estima-se que o conflito ceifou entre 50 e 80 milhões de vidas, momento em que a barbárie, como em todos os conflitos humanos, foi a tônica.

Embora o Brasil tenha participado do confronto, as terras do Cruzeiro não experimentaram diretamente as ações destruidoras, cuja população civil foi poupada, não sofrendo diretamente as infelicidades proporcionadas nos campos de batalha, condição enfrentada pelos pais e filhos das valorosas pátrias europeias.

Apesar das dificuldades para aquele que imigra, principalmente no desconhecimento da língua local, das condições problemáticas no terreno da empregabilidade, moradia e alimentação, os brasileiros souberam, como é característica desse povo bondoso, acolher aqueles que imigravam, da maneira mais cordial e amorosa possível.

Em pouco tempo, os avós de Deolinda foram se adaptando à cultura e assimilando o inconsciente coletivo brasileiro, com alegria e motivação no trabalho, vencendo os desafios da época. Os pais da menina conheceram-se na infância, no mesmo navio que os trouxe da Inglaterra e se tornaram grandes amigos, para depois iniciarem um relacionamento amoroso na juventude.

O nome da linda menina, Deolinda, fora dado em homenagem a uma senhora que muito auxiliou seus avós e pais ainda pequenos, quando aportaram no sul do Brasil. Esposa de um rico fazendeiro gaúcho trabalhava como voluntária em uma instituição beneficente, sob a responsabilidade da igreja católica local.

Dona Deolinda não restringia o atendimento às pessoas carentes somente ao horário em que atuava na instituição. Seu coração caridoso estendia as benesses aos assistidos, se interessando por arrumar-lhes emprego, moradia, alimento e assistência médica. Trabalho de caridade efetiva, em que buscava a inserção na sociedade daquele povo sofrido que tentava sobreviver.

Foi sempre tida como um anjo de amor, entre os assistidos que auxiliou durante sua vida e que reconheciam a generosidade do seu coração. Em postura discreta, humilde e fraterna, exemplificava o Evangelho de Jesus, materializado em seus atos. Atendia a todos, dentro do possível, sem despertar a curiosidade e a atenção para sua posição social destacável. Era exemplo até em suas vestimentas, sempre as mais discretas, para não agredir aqueles que nem sequer tinham o que vestir.

Circulava nos bairros pobres da capital gaúcha, como uma verdadeira serva do Cristo, inserida em uma de Suas máximas no Evangelho referentes à Caridade: *"Não saiba a sua mão direita o que a esquerda faz"* (Mateus, 6:3).

O nome dela nunca foi esquecido por aquelas criaturas gratas e amigas, que reconheciam seu esforço junto aos desvalidos. Para os avós e pais da pequena Deolinda, a caridosa matrona sempre fora cultuada como uma verdadeira santa, principalmente depois de sua morte. Muito ao costume das religiões tradicionais, em seu túmulo, as flores não faltavam, sempre depositadas nas visitas realizadas por todos aqueles que haviam sido beneficiados pelo seu amor e generosidade.

A menina Deolinda fazia questão de colher e levar a sua própria flor, apanhada no jardim de casa para, ao lado de seus pais, visitar o túmulo da "vovó", que agora residia com Jesus no Céu.

Apesar da luta diária, a felicidade era uma constante. A criança, com seus 5 anos de idade, por vezes, assombrava a todos com sua inteligência rara e imaginação infantil, segundo acreditavam os parentes mais próximos. Eles desconheciam a possibilidade do Espírito estar ainda em fase de reencarnação e adentrar com facilidade a dimensão espiritual até a efetiva consolidação do reencarne, que se dá um pouco mais tarde, por volta dos 6 ou 7 anos.

Com frequência, Deolinda menina afirmava ver a vovó Deolinda e, em outras oportunidades, certo homem bravo que impunha receio. O "tal" homem bravo era, de fato, seu mentor, acompanhando de perto o período mais delicado de sua reencarnação, cuja fragilidade era imensa, em virtude do corpo estar em pleno desenvolvimento e adaptação. Na realidade, ele se apresentava sorrindo. Porém, sua estrutura corporal avantajada e feições que demonstravam a seriedade de um inglês do século XVI, especificamente do período do rei Henrique VIII, que reinou de 21 de abril de 1509 a 28 de janeiro de 1547, pareciam, para a criança, em sua compreensão infantil, um homem "bravo".

Seu mentor fora, na verdade, o seu pai naquele período, sempre muito zeloso com as filhas, como mandava a educação e o comportamento da época.

Richard era o seu nome naquela existência. Pelo próprio esforço, fizera sua evolução na linha mais reta possível, a partir daquele período da história, podendo ele, depois de quatro séculos, responsabilizar-se como um mentor daquela que fora sua filha mais jovem, cujos caminhos escolhidos levaram a marca do equívoco, em decorrência da fascinação pelo luxo e pelo poder, principalmente depois da morte de seu genitor.

Novas oportunidades foram oferecidas para a filha querida nos séculos seguintes; no entanto, a manutenção da postura equivocada era uma constante naquele comportamento rebelado e irresponsável.

Naturalmente, ferira corações amigos, tratando pessoas como verdadeiros objetos, que eram descartados quando não tinham mais utilidade. Aos homens, fascinava-os pelos seus dotes sensuais, levando muitos deles ao desespero. Em relação às mulheres, colocava-as como competidoras e não media esforços, utilizando-se mesmo de processos escusos para sair-se vencedora.

Seu mentor apostava agora nesta nova conjuntura, pedindo a Jesus que pudesse ampará-lo para que seu trabalho, ao lado de Deolinda, fosse o mais eficiente possível, podendo auxiliá-la a tornar-se uma pessoa melhor.

CAPÍTULO 2

REVENDO O PASSADO

A menina crescia em beleza e graça. Seus pais maravilhavam-se com suas brincadeiras e inteligência.

Muitas vezes, durante as visitas dos avós, parentes e amigos que acorriam na casa de Deolinda, notavam que ela adorava vestir-se de princesinha, desfilando na frente dos presentes, com porte nobre e orgulhoso.

Era motivo de risos, estimulando brincadeiras que divertiam a todos. Na realidade, eram tendências que desabrochavam de seu inconsciente profundo, vindas de experiências de vidas passadas, que a menina Deolinda tivera em salões nobres das cortes europeias, em várias oportunidades.

Quando essas tendências surgiam nas alegres demonstrações infantis, mostravam-se extremamente fortes, pois sua personalidade em formação ainda sofria, na primeira infância, as lembranças naturais dos atos praticados anteriormente, que a consolidação do processo reencarnatório, costumeiramente, apaga ou neutraliza, quando o corpo físico demanda mais do Espírito.

Certo dia, em uma dessas famosas demonstrações de nobreza, quando os pais de Deolinda recebiam a visita de dois casais amigos, a criança pareceu não se identificar com um dos cavalheiros presentes e, vestida de princesa, em determinado momento, quando instada a falar algo para ele, que insistia em tratá-la como uma nobre, a criança disse em tom austero:

— Não costumo falar com lacaios. Coloque-se em sua medíocre posição e cale-se.

Seus pais, rubros de vergonha, repreenderam-na imediatamente, pedindo que ela se desculpasse, piorando ainda mais a situação, em virtude da criança doce de instantes atrás transformar-se daquela maneira. Ao receber o reproche diante das visitas, reagiu instantaneamente:

— Como ousam dirigir-se a mim neste tom? Sou uma nobre, e vocês são tão desclassificados quanto ele! — encerrou sua frase com o dedinho apontando para o senhor que acabara de ser agredido verbalmente.

A atitude do pai foi enérgica, indo na direção da criança, para retirá-la da sala, ordenando:

— Deolinda, agora basta! Peça desculpas imediatamente para todos ou irá ficar de castigo em seu quarto.

A menina reassumiu sua condição atual, e os

laivos da personalidade anterior desapareceram como que por encanto. Na mesma hora, entrou em choro profundo, não entendendo o que se passava naquele instante. Desculpou-se e saiu correndo em direção ao seu quarto, lá ficando chorosa por longo tempo, até que, recostada em sua cama, adormeceu.

Ao sair do corpo no processo natural do desdobramento ocorrido no sono, assumiu a condição adulta de uma das personalidades vividas anteriormente. Viu-se em um amplo salão iluminado por grande quantidade de velas, onde ocorria um baile, regado por vinhos e uma mesa farta, repleta de frutas e assados diversos, oferecendo aos convidados as melhores iguarias da corte.

Além da comida e bebida abundantes, músicos executavam belas sinfonias para as danças.

Deolinda, que recordava agora uma de suas existências, mirava-se de soslaio em um dos imensos espelhos do salão, admirando sua beleza ímpar de moça inglesa, típica daquele período do século XVI. Contemplava seu vestido longo confeccionado com tecidos caros e joias raras que finalizavam seu traje elegante, adornando-lhe o corpo esbelto, de tez branca como a neve, cabelos loiros e cacheados. O rosto afilado possuía olhos azulados, que lhe completavam a beleza. Os homens a cobiçavam, enquanto as mulheres invejavam-na.

Naquele exato instante de recordação, ela podia ver-se em meio aos mexericos e tramas, sempre visando maiores ganhos em ouro e melhor posição na nobreza, o que lhe traria a condição do poder ambicionado.

Usava o verbo para envenenar ouvidos mais incautos ou, então, para associar-se com criaturas argutas que, no fim, agiam como seus cúmplices.

Verdadeiro ninho de víboras, em que o mal predominava e a vida do semelhante tinha o seu valor pesado em metal valioso. Aqueles que menos ofereciam eram desprezados e sumariamente descartados por Deolinda, como se fossem meros objetos.

De repente, como que despertasse de um sonho dentro de outro, deparou-se com uma entidade masculina, com trajes da época, que a encarou de maneira rude e, demonstrando profundo ódio em seus olhos, a ameaçou:

— Emily, sua megera, a busca foi longa, mas, finalmente, a encontrei...

CAPÍTULO 3

QUESTÃO DE TEMPO

A partir daquele incidente com as visitas, a garotinha passou a demonstrar atitudes estranhas.

Seus sonhos tornaram-se povoados por pesadelos e, não raro, a menina despertava aos gritos, pedindo para ir dormir com os pais.

Até então, todas as luzes da casa eram apagadas na hora em que o casal se recolhia, mas, com as crises sofridas por Deolinda, um abajur permanecia aceso em seu quarto a noite toda. Com o tempo, a menina começou a sentir verdadeiro terror em ficar sozinha, mesmo durante o dia.

Como Deolinda aproximava-se dos 6 anos de idade, seus pais pensaram em matriculá-la no jardim de infância, a fim de prepará-la para o início do primário. Talvez, acreditavam eles, um contato maior com outras crianças, o aprendizado de situações novas, o estudo em si, amadurecesse mais a jovenzinha, e sua vida poderia seguir o curso normal.

No entanto, ao contrário do esperado, o drama se acentuava dia após dia. A menina passou a relatar a presença de pessoas na casa. Por vezes, ouvia vozes que a acusavam e maldiziam-na. Seus pais, adeptos, mas não praticantes do catolicismo, acreditavam se tratar de pura imaginação infantil. Gradativamente, porém, o desequilíbrio foi sendo transferido para o próprio casal, que se acusava da situação da filha. A mãe de Deolinda afirmava serem o evento das visitas insultadas e a repreensão do marido o motivo central do problema. Por sua vez, o pai da menina acusava a esposa de excesso de mimos e estímulo de fantasias, principalmente a preferida da criança, a de ser uma princesa.

Os avós, tanto maternos quanto paternos, também se envolveram, buscando minimizar a questão, para que a desarmonia do lar de seus filhos não alcançasse momentos mais difíceis, tentando evitar a possibilidade de dissolução.

A avó materna, com muito tato, certo dia, buscou a companhia da menina para entabular um diálogo:

— Diga-me, minha princesinha, o que anda assustando você. Conte para a vovó.

— Não sei, vovó. São os homens que aparecem rindo e gritando comigo. Quando vou dormir, eles surgem e começam a apontar o dedo para mim.

— E agora, minha querida, você está vendo um

deles?

— Sim. Está próximo da porta e diz que vai me bater, vovó, vovó, ele vai me bater, ele quer me bater, não deixe, não deixe...

— Calma, minha querida, a vovó está aqui, ele não vai fazer nada. Fique tranquila. Venha já para o meu colo, que eu a protegerei.

A entidade, sentindo a força moral daquela matrona, afastou-se e saiu rapidamente da residência. Do lado de fora da casa, foi abordado por outro Espírito, que demonstrava sua ascensão sobre o recém-expulso e uma entidade feminina, que o acompanhava.

— O que aconteceu, James? Por que você saiu do seu posto?

— Não sei bem lhe explicar, Donald. Uma das avós tem uma força magnética descomunal. Quando fui em direção a Emily, aquela maldita, a matrona resolveu segurá-la no colo. Cheguei perto e recebi uma descarga magnética, que me empurrou para longe.

— Bem, estamos praticamente acabando de chegar por estas bandas e não vamos forçar a situação mais do que o necessário. Já foi muito difícil localizar aquela serpente. Agora, necessitamos tomar cuidado para não ter interferência de ninguém.

— Com todo respeito, Donald, não creio que será complicada nossa aproximação, a não ser com a presença daquela velha, porque Emily mantém a mesma estrutura orgulhosa daquela época.

— Mesmo assim temos que tomar cuidado. Você sabe que esses ditos "protetores" sempre querem fazer algo pelos seus protegidos.

— Duvido muito que, no caso de Emily, aquela infeliz, tenha acesso ao "pessoal de cima". Com o veneno que possui, é capaz de afastar até "anjo de guarda".

— Tem razão, James. Mas faremos que ela pague cada centavo do que nos fez. Levou-me à loucura com os seus encantos, me fazendo sofrer como um cão.

— Só você? — protestaram os outros dois.

— Comigo fez a mesma coisa. Roubou meus bens, arruinando minha vida. Apaixonei-me profundamente e, quando percebi, estava próximo da falência, porque ela exigia joias, dinheiro e diversão o tempo todo, para depois me jogar fora como algo sem valor.

— Ela irá pagar cada lágrima que eu derramei — praguejou, por sua vez, a entidade feminina. Emily desgraçou a minha existência, envolvendo meu marido em seus encantos. Cheguei mesmo a ser expulsa de meu próprio lar, para que essa megera lá se instaurasse. Quando conseguiu tirar tudo o que possuíamos, desapareceu de um dia para outro. Meu marido, diante do ocorrido, suicidou-se. Depois disso, nunca mais soube desse demônio, até encontrá-la nesse corpinho, que serve de vestimenta enganosa para esse pessoal que a acoberta.

— Sim, é verdade, Carly. Mas o pai atual dela estava envolvido em certas tramas com a megera, providenciando informações sobre quem poderia ser espoliado. O bandido provavelmente deveria dividir o lucro. Faremos que ele sofra também. É tudo uma questão de tempo...

CAPÍTULO 4

O SACERDOTE

Apesar das tentativas dos pais, avós, parentes e amigos, com benzeduras, chás e outras práticas, Deolinda não mostrava sinais de melhora.

O medo constante de tudo e de todos impedia até uma simples brincadeira com suas amiguinhas ou uma volta pelas ruas próximas, acompanhada de seus pais ou avós.

Relatava que homens a espreitavam o tempo todo e surgiam de repente, querendo agredi-la. Mostravam facas e porretes e diziam que utilizariam tais objetos para matá-la.

Em uma das manhãs, depois de um pesadelo, a criança despertou com marcas pelo corpo, como se fora agredida por um instrumento feito de couro, um cinto de calça masculina ou uma espécie de guasca.

O que, de fato, ocorria era a utilização do ectoplasma da menina, unido ao de seu pai, cuja quantidade cedida era suficiente para infligir dores físicas na criança.

Os obsessores divertiam-se, criando imagens deformadas de si mesmos, por intermédio da hipnose. Chamavam-na de Emily, buscando perturbá-la com os mínimos detalhes.

Em diversas oportunidades, seus pais apanhavam-na falando "sozinha", conforme o entendimento restrito que possuíam. Não raro, surgiam discussões entre Deolinda e as criaturas ditas invisíveis. Seu pai, ignorando as questões espirituais da continuidade da vida, tratava de repreendê-la, sendo algumas vezes estimulado, psiquicamente, a usar de violência contra a menina. No auge de seu desequilíbrio, aumentava o suplício da pequena obsidiada, aplicando-lhe algumas cintadas em suas já enfraquecidas pernas, para desespero da mãezinha que, aos poucos, também perdia o controle da situação.

A menina, em várias ocasiões, quando à mesa de refeições, regurgitava os alimentos que acabara de engolir, promovendo verdadeiro quadro asqueroso, sempre unindo palavras desconexas ou gritos lancinantes. Era o processo de subjugação que tomava força, autorizado obviamente pela consciência culpada.

Médicos já haviam sido consultados, sem que apresentassem qualquer diagnóstico satisfatório. O dinheiro estava se tornando escasso, e uma das recomendações seria procurar um psiquiatra, coisa que era vista, naquele período da história do país, de maneira preconceituosa. No desconhecimento de seus genitores, psiquiatra era médico para loucos, o que, em hipótese alguma, seria o caso de Deolinda.

Resolveram buscar auxílio com o sacerdote local, como último recurso, apesar do pai da criança não ter simpatia com nenhuma religião existente.

O sacerdote era homem de poucas palavras e secretamente levava uma vida duvidosa, mais interessado em aferir lucros e prestígio para a sua própria pessoa do que efetivamente trabalhar em favor do próximo ou dos objetivos da instituição que servia. Já houvera sido transferido de cidade, por ter-se envolvido em assunto relacionado a possível desequilíbrio de sua sexualidade, com certa jovem que frequentava os cultos domingueiros. Como as coisas não ficaram devidamente esclarecidas, a instituição deu-lhe nova oportunidade, promovendo a mudança.

Ele foi chamado, certa noite, em um dos tantos "ataques" sofridos por Deolinda. Especialmente, naquele dia, as coisas pareciam estar mais fora de controle que o normal.

Quando o sacerdote chegou, Deolinda repousava. Condição rara pelo seu quadro adiantado de profunda enfermidade obsessiva. O pároco resolveu despertá-la, para que pudesse verificar o que ocorria. Foi a mãe da jovenzinha que o conduziu até o quarto da filha.

Os obsessores extremamente astutos já o aguardavam, porque, ao tomarem conhecimento das intenções da família em relação ao envolvimento do sacerdote, trataram de conhecê-lo melhor nos dias que antecederam a visita dele, analisando principalmente seus pensamentos.

O clérigo, confiante em si mesmo, pegou de um frasco de água benta e aspergiu sobre Deolinda que, despertando subitamente e totalmente envolvida por Donald, esbravejou:

— O que você pretende, seu libertino? Pensa que eu não o conheço bem? Está foragido aqui no sul do país, porque suas atitudes libidinosas em outra paróquia quase o levaram à morte, pelas mãos do pai da moça que você buscou corromper com esse seu ar de santo, seu cretino. Saia já daqui ou vou dar-lhe o corretivo que merece, lobo demoníaco, disfarçado em pele de cordeiro.

Os pais de Deolinda estavam simplesmente aterrorizados com o que assistiam. A jovenzinha alterara de tal maneira sua voz, que parecia ser um homem forte e violento que falava por intermédio dela. Mal percebiam que o temor era suficiente para ofertarem boa quantidade de ectoplasma para que os obsessores o utilizassem no espetáculo infeliz.

O sacerdote não afeito a este tipo de ocorrência buscou algumas técnicas exorcistas, embaraçando ainda mais a situação. Iniciou ordenando:

— Saia dela, demônio imundo. Vou enviar-lhe de volta para o fundo do inferno.

A menina passou a se contorcer e, em seguida, regurgitou sobre as vestes do pároco. Em seguida, levantou-se num salto e agarrou-o pelo pescoço, demonstrando uma força colossal. O medo do homem permitiu que os espíritos obsessores vampirizassem também certa porção de seu fluido vital, aumentando descomunalmente a força daquele corpinho frágil e enfermo, que Deolinda envergava. Aos gritos, Donald e James, que agiam em conjunto, buscavam expulsar o sacerdote do recinto.

— Saia daqui, velho imundo e devasso. Vamos

matá-lo e trazer você para junto de nós. Aí, saberá o que é o inferno que vivemos...

Foi uma luta do pároco com o auxílio do pai da menina para livrá-lo do estrangulamento. A pobre mãe gritava por socorro dos vizinhos e de Deus.

Quando conseguiram livrar o pescoço do homem das mãos dos obsessores, que utilizavam Deolinda como uma simples ferramenta, este mostrava as marcas dos dedos e arranhões infligidos por aquela que tinha sido, até bem pouco tempo atrás, uma simples e meiga criança.

Da mesma forma que a confusão tivera início se encerrou subitamente, com a prostração da menina, como se um sono anestesiante fosse imposto por mão milagrosa.

O sacerdote sem demora achou melhor debandar, dando como desculpa sua volta à paróquia, onde iria orar durante toda a noite, para a recuperação de Deolinda e assistência aos familiares. Rapidamente se despediu de todos e retirou-se assustadiço.

CAPÍTULO 5

AVISO URGENTE

—Jonathan, definitivamente temos que levar nossa filha para uma consulta com um psiquiatra, principalmente, depois do ocorrido com o padre, ontem à noite.

— Devo admitir, Kelly, que resisti muito a essa ideia, mas confesso que estou convencido. A vizinhança já comenta sobre as últimas ocorrências, imagine agora com essa nossa decisão. Todos dirão que somos pais de uma menina louca...

— Você sabe bem que a maledicência está no coração de muita gente. Temos nossa responsabilidade e não podemos deixar de experimentar todas as alternativas, meu querido. Nossa menina está definhando a olhos vistos e ninguém consegue fazer coisa alguma. Já não sei mais a quem recorrer. São remédios para isso e aquilo, benzeduras, banhos, chás, ervas... Tudo inútil.

— Como Deolinda se comporta quando não estou em casa, Kelly?

— Fica um pouco mais calma. Depende muito do dia e hora. Às vezes, volta a ser a doce menina e, de repente, muda o seu comportamento, perguntando por você em tom desrespeitoso. Parece que se trata de outra pessoa, uma personalidade diferente. Em determinado instante, uma mulher adulta; em outro, um homem enfurecido. Não sei mais o que fazer...

— Bem, isso vai custar o dinheiro que não temos, mas vou procurar uma indicação e levaremos nossa menina a um psiquiatra, o mais urgente possível.

Não se passaram mais do que dois dias e Jonathan retornou no fim do seu expediente de trabalho, informando à esposa que a consulta estava marcada para a manhã seguinte. Ele havia solicitado dispensa do trabalho para acompanhá-la também. Dizia que o seu chefe no escritório e demais colegas estavam muito solidários com o problema que eles viviam e que iriam colaborar com os custos do tratamento, caso fosse necessário. Jonathan não imaginava o quanto era respeitado e querido pelos colegas de profissão, que o chamavam de "inglês".

Deolinda, naquela mesma noite, demonstrava profundo abatimento. Não saíra praticamente da cama o dia todo. Daquele rostinho lindo e corado, agora restava uma aparência esquálida e abatida. A alimentação consumida pela menina, em grande parte, era regurgitada. Os médicos informavam se tratar de uma rejeição alimentar acentuada, sem uma causa específica.

Entretanto, a atuação dos obsessores se fazia presente com o intuito de enfraquecê-la no menor prazo possível, diminuindo sua imunidade, para, com isso, alcançar seus objetivos em desencarná-la, por meio de alguma enfermidade que se instalasse em seu frágil organismo. A ação por parte das entidades estava muito bem planejada e com uma técnica que surtia efeitos rápidos. O magnetismo, principalmente de Jonathan que desconhecia qualquer método de controle, auxiliava sobremaneira.

Os obsessores sabiam que sairiam vitoriosos. Tudo era uma questão de tempo, para que eles pudessem pôr as mãos definitivamente naquela criatura que infelicitara a vida deles e de outras pessoas. Vingariam todos, fazendo que ela sofresse os mais duros golpes.

Quando Jonathan foi até o leito de Deolinda, para ver como a garota estava, encontrou-a desperta, com os olhos esbugalhados, girando nas órbitas. Ao vê-lo, a menina disparou:

— Como vai, seu "inglês" imbecil? Acha que irá

resolver levando essa infeliz a um psiquiatra? Tolo! Ela nos pertence. Logo, ela estará morta e definitivamente em nossas garras. Você é tão culpado quanto ela. Primeiro daremos cabo dela, depois acertaremos as contas com você. É tudo uma questão de tempo. Posso garantir que não vai perder por esperar. Saia daqui, seu crápula, demônio dos infernos.

Jonathan ficou boquiaberto. Como a sua garotinha poderia saber de seu apelido entre os seus colegas? E o psiquiatra, que nem sequer ele e a esposa haviam comentado na frente de Deolinda? E que linguagem era aquela com um tom masculino grave e acusatório? No seu desconhecimento, só poderia ser uma coisa: "loucura".

Infelizmente, sua filhinha única e querida ficara louca. Em sua pouca e equivocada compreensão sobre religião, perguntava-se:

— Por que estou sendo castigado assim por Deus? Sempre fora homem justo e cumpridor dos deveres e, agora, se via diante de uma situação daquelas. Nunca prejudicara ninguém, por que o Criador lhe reservara tamanha desdita?

Após uma rápida refeição, recolheu-se com a esposa e, sem qualquer cuidado quanto à oração, hábito nunca assimilado pelos seus conceitos um tanto voltados ao ateísmo, adormeceu com suas preocupações.

Apesar disso, Richard, o mentor de Deolinda, compareceu diante dele, quando Jonathan encontrava-se desprendido de seu envoltório material, dizendo:

— Jonathan, meu amigo. Os comprometimentos de ontem surgem agora por intermédio de irmãos nossos que não perdoaram os prejuízos de que foram vítimas, tanto pelas suas mãos quanto pelas de Deolinda, que hoje é sua filha. Amo muito a sua criança, de quem já pude ser pai também, em existência longínqua. O caso é mais grave do que você possa supor. Não bastarão somente a medicação e o acompanhamento psiquiátrico. É necessário e urgente que o Evangelho de Jesus faça parte da terapia. Procure uma casa espírita para o trabalho de desobsessão, que se faz urgente, urgente...

O pai de Deolinda despertou em um salto, suando em bicas. Sua movimentação acordou a esposa que, preocupada, perguntou:

— Querido, o que você tem? Está tudo bem? Meu Deus está todo suado!

— Deve ser o calor, não sei... Tive um sonho estranho com um homem, que parecia ser um médico. O desvario da loucura é tamanho que, imagine você, ele recomendava que procurássemos uma casa espírita. Veja se tem cabimento?

— Será que não deveríamos buscar essa alternativa?

— Acho que você está se afetando por fantasias também, Kelly. Já não bastou a experiência com aquele sacerdote? Você está querendo impor mais alguma bobagem para a nossa filha? Esqueça isso, está bem? Foi só um sonho, nada mais...

Na manhã seguinte, Deolinda despertou estranhamente calma. Tomou o desjejum, falando normalmente com seus pais. A impressão que os genitores tiveram é que aquela situação toda, vivenciada por eles até aquele momento, nunca existira.

Kelly vestiu a menina e ajeitou os seus cabelos em tranças, procurando melhorar a aparência abatida da criança, enquanto Jonathan apanhava receituários e resultados de alguns exames que haviam sido feitos em Deolinda.

Com tudo pronto, demandaram em direção ao consultório psiquiátrico.

CAPÍTULO 6

O PSIQUIATRA

Ao chegarem à clínica psiquiátrica, Deolinda apresentava-se anormalmente calma. Parecia estar anestesiada, como se houvesse recebido algum medicamento fortíssimo.

Quando a enfermeira solicitou que o casal entrasse na sala do facultativo, conduzindo a menina, esta entrou em sono profundo com características de um processo hipnótico.

Donald e James, os obsessores, trabalhando a distância, induziam a pobre criança ao desfalecimento. Tinha-se a impressão de um corpo praticamente morto.

O experiente psiquiatra colocou-a em uma poltrona, procedendo a uma análise rápida da situação. A prostração em determinados pacientes não lhe era desconhecida, porém, no caso de Deolinda, era por demais exacerbada. Procurou iniciar o diálogo com os pais da garota, buscando entender com profundidade o que se passava.

Durante mais de quarenta e cinco minutos, a menina esteve imóvel em sua profunda apatia.

O médico preparou a receita dentro das possibilidades que a ciência da época em seu ramo de atividade apresentava para casos semelhantes, principalmente levando-se em consideração o fator mais intrigante: a idade e a compleição franzina da menina. Ele já havia acompanhado casos complexos, mas nada semelhante relatado pelos pais de Deolinda, em relação às questões de força desmesurada em um organismo tão frágil.

Ao encerrarem a consulta, a menina subitamente despertou. Encarando o médico com ar desafiador, disparou:

— Nada disso vai adiantar. Você acredita que irá reduzir a nossa influência sobre ela com os psicofármacos que acaba de receitar? Usaremos do potencial deles para infligir maiores danos a esta criatura maldita, a qual estamos jungidos. Vocês todos não passam de um bando de estúpidos...

Jonathan, não podendo se conter, alterou a voz, comandando:

— Deolinda, cale-se! Tenha respeito pelo Doutor...

— Cale-se você, seu idiota. Por acaso, acredita ser provido de alguma moral para falar assim conosco, sua serpente venenosa?

Diante do espetáculo bizarro em frente ao psiquiatra e sentindo-se ultrajado, Jonathan não conseguiu mais conter-se e, num átimo, quis esbofetear a menina que, acionada pelos obsessores, gritou:

— Bata em mim, seu imbecil, cretino... Por que não me espanca, maldito?... Vamos, mostre que é um homem, que pode bater em uma criança, canalha... Espanque-me se tem alguma coragem, seu tolo imoral...

O facultativo interviu, segurando a criança, sendo auxiliado por Kelly, que fez uma barreira com o seu corpo, impedindo o marido, que estava prestes a cometer um ato de completa loucura.

Quando a menina foi suspensa e colocada de volta na poltrona que se encontrava próxima, cuspiu na direção do rosto do pobre e infeliz pai, esbravejando:

— Desprezo você, seu demônio intrigueiro. Você irá pagar pela sua língua, Judas miserável...

Em seguida, em profundo transe, Deolinda teve um súbito desfalecimento.

O médico solicitou que uma medicação fosse preparada pela enfermeira, no sentido de aplicação imediata, enquanto buscava controlar a situação extremamente embaraçosa.

Kelly derramava lágrimas em abundância, sentindo o coração comprimido pela dor, em ver a sua garotinha em momentos de completo desvario e, ao mesmo tempo, afligindo-se pelo comportamento do marido, que perdera o controle completamente.

Somente depois que a calma foi restabelecida, principalmente por parte do pai da criança, o médico liberou Deolinda e o casal para retorno ao lar. Ao saírem, Kelly, que estava mais senhora de si, questionou:

— Doutor, o senhor acha que a enfermidade de minha filhinha poderá levá-la à internação?

— Sendo honesto, senhora, vamos analisar as reações da criança com a medicação a ser ministrada durante os próximos dias, mas, caso as condições apresentadas continuem dentro desta linha que acabo de presenciar, a internação poderá ser providenciada. Creio ser ainda muito cedo para falarmos a esse respeito. Aguardemos esperançosos para que o tratamento surta os efeitos desejados. Não se preocupe em demasia, porque sua querida Deolinda precisa muito da senhora e de seu marido. O equilíbrio é imprescindível para alcançarmos resultados satisfatórios. Confiemos em Deus e mantenhamos a calma, está bem?

Jonathan, completamente desconcertado, desculpou-se com o facultativo pela atitude inconsequente e, cabisbaixo, deixou o local, carregando Deolinda, que parecia naquele instante um verdadeiro boneco, tamanho o entorpecimento pela ação dos obsessores e do medicamento, em sua delicada compleição corpórea.

CAPÍTULO 7

DECISÕES INADIÁVEIS

Diante dos quadros cada vez mais complexos, Richard, como mentor de Deolinda, reuniu-se com as entidades responsáveis pelo instituto de reencarnação, ao qual sua pupila estava afeita. Foi recebido pelo dirigente da instituição, que o aguardava, como sempre, muito atencioso.

— Como vai, meu amigo?

— Bem, Doutor Francis. Logicamente, dentro do possível... O senhor deve estar informado das últimas ocorrências com a minha tutelada, não?

— Sim, Richard. Infelizmente, ela acabou sendo reencontrada antes que providenciássemos o reencarne das três entidades que a obsidiam. Como sabemos, o livre-arbítrio é soberano, e a manutenção do ódio pelos nossos irmãos em desequilíbrio impede nossa ação direta. Não será ainda o caso de transformar a reencarnação compulsória para todos. No entanto, vejo que os fatos presentes alterarão significativamente nossas ações futuras.

— Desculpe, Doutor, mas não entendi exatamente aonde o senhor quer chegar...

— Veja, o quadro de Deolinda é por demais comprometedor. Seu equilíbrio orgânico e psíquico, com a incidência dos três obsessores, está praticamente arruinado para as provas da presente reencarnação. A proposta inicial era reunir Emily, agora como Deolinda, Donald, James e Carly como irmãos. Todavia, Donald, quando percebeu que havia uma possibilidade de vingar-se por encontrar seu mais antigo desafeto segregado em um corpo material denso, alterou sua proposta de reconciliação pelo perdão e resolveu ir à forra.

A organização infantil de Deolinda não suportará tamanha agressão, e a medicação que será ministrada irá acelerar o comprometimento de seu cérebro. Donald sabe disso e agirá combinando suas ações magnéticas, atuando fortemente no cérebro perispirítico, ocasionando um dano maior no órgão correspondente, situado no corpo físico.

— Mas, Doutor, algo poderá ser feito? Podemos pelo menos amenizar a situação na qual Deolinda se encontra?

— As decisões já foram tomadas e estávamos providenciando os últimos detalhes, para apresentarmos a você um quadro mais completo.

— E qual é ele, Doutor?

— Infelizmente, Deolinda irá desencarnar em breve.

— Desencarnar? Meu Deus! O processo do reencarne está praticamente se consolidando. Não poderá ser evitado?

— Richard, você sabe como sentimos essa perda de oportunidade para todos eles, mas não poderemos admitir que a crueldade seja a tônica na existência de todos os envolvidos. Manter Deolinda na situação atual será oferecer verdadeiro repasto para feras ensandecidas, comprometendo também o bom andamento dos programas de seus familiares diretos e indiretos. Permitindo que assim continue, estaremos somente alimentando o ódio nos três irmãos enfermos, que só desejam vingança, sem resolvermos efetivamente o problema.

— Entendo, Doutor. Todos eles já vêm de longo tempo se digladiando. Porém, Donald e os demais estavam praticamente isolados. Como reencontraram Deolinda?

— Você sabe, meu amigo. A reencarnação tem planejamento e não destino, como entendido por muitos. Donald sente-se o mais ferido dos três e aparentemente demonstrou desejo de mudança, mas só aparentemente. Tão logo reuniu-se, outra vez, com Carly e James, seu ódio foi realimentado, não necessariamente por eles, mas Donald mantém atitudes de justiceiro e a dor de Carly estimula muito sua postura. No fim, são todos enfermos graves, e é exatamente essa manutenção vibratória que magneticamente atraiu o trio para Deolinda, mais uma vez.

— Como será o desencarne da menina, Doutor?

— Seu corpo está muito fragilizado, pelas ocorrências que você vem acompanhando. Os nutrientes da alimentação não são absorvidos, porque Deolinda regurgita praticamente tudo o que ingere. A ação hipnótica de Donald, aliada ao magnetismo que envolve os alimentos, causa profundo mal-estar em sua organização fisiológica. Com a técnica da indução mental, ele faz a pobre criança acreditar que tudo o que ingere é veneno. Quando seu organismo frágil não atua, ela mesma força a situação do vômito, para se livrar daquilo que acredita ser pernicioso.

— Meu Deus, quanta crueldade!...

— São os desvarios da vingança. Aqueles que

pensam fazer justiça com as próprias mãos acabam sendo, na grande maioria das vezes, piores do
que seus algozes. Por vezes, os algozes agem por
profunda ignorância e desrespeito pela vida, mas
aquele que se vinga, geralmente, toma as atitudes
de forma calculada. Bem, no fim, ambos precisam
do médico Jesus e de poderoso remédio, que é o
Evangelho, porque estão simplesmente desprezando a sagrada oportunidade da evolução.

— O senhor sabe, Doutor, como sinto pelo que
está ocorrendo. Estava tão esperançoso, porque demorou tanto tempo para reunir os quatro irmãos e
vamos ter que reiniciar tudo...

— Tenhamos paciência e fé na Bondade Divina.
Aprendemos com Jesus, que o Seu Reino de amor
no planeta não será tomado de assalto. É construção, e construção, conforme sabemos, leva tempo.

— Entendo, Doutor. Para piorar o estado das
coisas, o pai da menina não oferece abertura para
ações espirituais e a mãezinha, mais sensível, acaba
sendo repreendida pelo marido, infelizmente.

— Sim, Richard. Ainda está distante a compreensão de que somos Espíritos e não simplesmen-

te criaturas de carne e osso. É realmente lamentável que estes espetáculos dolorosos se apresentam diante do amor que Nosso Senhor Jesus Cristo nutre por nós.

Richard sabia que, praticamente, mais nada poderia ser feito naquele momento senão aguardar, com trabalho e confiança, que o amor de Deus minimizasse as provas e sofrimentos que todos estavam prestes a passar. Estendendo sua destra, despediu-se do facultativo e, apesar de manter seu equilíbrio, não conseguiu inibir uma sentida lágrima discreta em seus olhos...

CAPÍTULO 8

O DESENCARNE DE DEOLINDA

Passados alguns dias da importante reunião que Richard tivera com o Doutor Francis, o quadro de Deolinda apresentava-se dantesco. A medicação surtira efeito em seu cérebro físico, neutralizando a percepção dela em relação às entidades obsessoras. Porém, a saúde debilitada da pequena criança piorara ainda mais.

O mentor, não podendo ser visto pelos infelizes Espíritos por encontrar-se em condição vibratória superior, aplicou passes vigorosos em sua tutelada, transferindo-lhe maior quantidade de fluido vital, para que Deolinda pudesse reunir forças momentaneamente e ter condições de iniciar um diálogo com a sua querida mãezinha.

Já se passava das 23 horas, quando duas outras entidades se apresentaram ao mentor.

— Boa noite, Richard!

— Boa noite! Como posso ser útil?

— Somos os especialistas encaminhados pelo Doutor Francis para os procedimentos iniciais do desprendimento de Deolinda. Permita-me que me apresente. Meu nome é Saulo, e meu assistente é o senhor Camillo.

Feitas as apresentações, Richard, um tanto surpreso, perguntou:

— As ações costumam ser assim tão rápidas, se-nhores?

— O tempo para nós é precioso. Deolinda está muito enfraquecida, facilitando a operação de des-prendimento de seu corpo físico. Em paralelo, uma equipe se apresentará nas próximas horas, viabi-lizando a internação dos nossos irmãos que obsi-diam a sua protegida.

— Serão internados contra a vontade deles? — questionou novamente Richard.

— Conforme orientações de nossos maiores ao Doutor Francis, não poderemos permitir que estes tristes quadros se desdobrem na dimensão espiri-tual. Caso não neutralizemos as atitudes infelizes dos três obsessores, eles somente aumentarão seus compromissos, no prejuízo a si mesmos e também no de Deolinda.

— A Sabedoria e o amor de Deus, realmente, nos protegem de nós mesmos, não? — avaliou o mentor.

— Quem ama não pode permitir que as criatu-ras amadas sofram indefinidamente.

— Qual o quadro atual, Richard? Posso tratá-lo sem formalismos, não?

— Perfeitamente! Deve...

— Bem, apliquei recursos vitais em Deolinda para que ela entabule algum diálogo com a mãezinha, que sofre terrivelmente com a enfermidade da filha.

— Excelente! Isso irá trazer certo conforto ao coração materno, permitindo que seu magnetismo pessoal seja um tanto abrandado, facilitando a operação do desligamento.

— Na realidade, Saulo, meu propósito não era bem esse.

— Sei que não. Mas a inspiração é elemento sagrado de nossos maiores. O Doutor Francis está intimamente ligado ao quadro que você vem administrando e, com relativa facilidade, envia inspirações benéficas para todos nós.

— Realmente, nada é por acaso — respondeu Richard.

— Não é mesmo. Bem, você poderá nos auxiliar nas operações iniciais?

— Com toda certeza. O que devo fazer?

— Como mentor, inspire palavras de bom ânimo, para que ela seja a sua intermediária com a mãe. Enquanto isso, as mesmas energias que serão transmitidas à nobre senhora, consolando-a, alcançarão também Deolinda.

Com um influxo magnético poderoso, Richard envolveu o centro de força laríngeo e frontal de sua tutelada, iniciando um verdadeiro processo mediúnico, no qual, praticamente, quem falaria pela menina seria o próprio mentor.

Com desmesurado esforço, Deolinda chamou:

— Mamãe, mamãe, por favor, venha me cobrir. Estou com frio.

Num átimo, Kelly, a doce senhora, apresentou-se.

— Oi, filha querida, só um minutinho que a mamãe vai colocar um cobertor bem quentinho sobre você.

— Obrigada, mamãe...

Kelly envolveu aquele corpinho frágil e abatido não somente com o cobertor, mas com um abraço afetuoso. Em seguida, deitou-se ao lado da filha, cujo corpo estava extremamente debilitado, apresentando-se àquela altura como verdadeira estátua, em pele e osso, pela contínua rejeição alimentar.

— Mamãe, a senhora sabe que eu a amo, não?

— Claro que sei, filhinha. A mamãe também a ama, muito mesmo... Você é o amor de minha vida e eu sou uma mãe muito feliz em ter você como filha.

— Se eu partir um dia, saiba que serei sempre sua filha do coração. Eu a amarei eternamente.

— Eu sei. Mas você vai demorar muito para partir, minha querida. Você vai sarar e, quando crescer, irá se casar e terá muitos filhinhos e eu serei uma avó orgulhosa e feliz.

— Sim, mamãe, está bem. Estou com muito sono... Eu a amo...

— Durma bem, amor. Deus a abençoe!

Deolinda adormeceu pesadamente, enquanto os procedimentos para o seu desencarne entraram em estágio inicial.

Kelly, retornando ao seu aposento, foi questionada pelo marido:

— Está tudo bem com Deolinda?

— Sim, está. Ela se mostrou mais lúcida e amorosa. Acredito que a medicação esteja fazendo um efeito benéfico e rápido. Graças a Deus!

— Que bom! Teremos uma noite tranquila então. Já faz tempo, não?

— Sim, querido, faz. Deus queira que Deolinda melhore rapidamente.

— Ela irá melhorar, sim. Com certeza... Boa noite!...

Enquanto o casal adormecia, Saulo e Camillo, portando instrumentos cirúrgicos especiais, iniciavam o desligamento do perispírito do corpo físico de Deolinda. Começaram pelos centros de força mais periféricos, até alcançarem o coronário.

Deolinda já respirava fracamente, demonstrando seu desdobramento definitivo do corpo. Richard, emocionado, beijou-lhe a face, para, em seguida, suster-lhe nos braços e levá-la em direção à instituição que a receberia para os tratamentos pós-desencarne.

CAPÍTULO 9

COMPULSORIEDADE

Tão logo Richard entregou sua querida Deolinda aos cuidados da instituição hospitalar, retornou rapidamente para junto dos despojos da criança, procurando auxiliar nos desdobramentos relativos ao desencarne de sua protegida. Ao entrar no aposento que abrigava o frágil corpinho sem vida de sua menina, notou o desespero das entidades que a obsidiavam. Os três adentraram ao ambiente, pois os tarefeiros responsáveis pelos procedimentos desencarnatórios abriram as defesas magnéticas impostas pelo período de suas atividades. Gritavam desesperados, ao verem somente o corpo inerme daquela que era o motivo de suas vinganças.

Saulo, Camillo e Richard continuavam não sendo registrados pelas entidades, pois mantinham o estado vibratório naturalmente mais elevado.

Foi Saulo quem convidou o mentor de Deolinda para participar de ação mais dirigida.

— Richard, teremos que adensar nossos períspiritos, para nos tornarmos visíveis aos infelizes irmãos e tentarmos um novo quadro de reconciliação entre eles e Deolinda. Você gostaria de nos acompanhar?

— Com absoluta certeza, Saulo.

— Então, vamos nos afastar por uns instantes, para buscarmos alterar nossa configuração perispiritual.

Os três amigos se dirigiram para o exterior e, em contato com a natureza, que se mostrava exuberante naquela noite, iniciaram o procedimento, assimilando energias do reino vegetal. Gradativamente, o perispírito de cada um deles ganhou menos luminosidade e sutileza.

Em dado instante, Saulo explicou:

— Será o suficiente para sermos identificados pelo pobre trio em desespero.

Ao retornarem ao aposento que pertencera a Deolinda, Donald notou-os imediatamente e, com um grito de surpresa e agressividade, perguntou:

— O que querem aqui? O espaço nos pertence e lhes é negada a entrada.

Foi Saulo quem tomou a iniciativa do diálogo:

— Caros irmãos Donald e James, e estimada irmã Carly, inicialmente, gostaria de manifestar os nossos respeitos.

— Como sabe meu nome? O que você quer conosco?

— Primeiramente, Donald, queremos somente

auxiliar, para que cumpram a promessa que fizeram às suas próprias consciências. Esqueceram-se de que se comprometeram a perdoar e se reconciliar com aquela que teve a infelicidade de praticar equívocos junto a vocês?

— Você fala de Emily, aquela víbora, transfigurada em Deolinda, que jaz no leito? O que vocês fizeram com ela?

— Nós nada fizemos e, sim, a Misericórdia de Deus, que ama, assim como a todos igualmente e, de maneira alguma, quer que Seus filhos continuem vivenciando existências repletas de dor e sofrimento.

Donald gargalhou estridentemente e retrucou:

— Por acaso você é um pastor ou algo assim? Vem me falar da Misericórdia Divina? Onde residia ela, quando Emily desgraçava as nossas vidas? Ora, deixe de ser estúpido e desapareça daqui com sua conversa fiada, antes que eu, ou melhor, nós os expulsemos a socos e pontapés.

— Não será necessária maior violência do que já foi utilizada por vocês para com a menina Deolinda. Não foi o suficiente o dano causado não somente a ela, mas ao processo evolutivo de todos? O desencarne dela pesará na consciência de cada um dos envolvidos como crime de homicídio. Responsabilidades que poderiam ter sido totalmente evitadas, caso vocês, e principalmente você, Donald, tivesse mantido a palavra em relação à proposta de reatamento pelo perdão, conforme o próprio Jesus nos ensinou.

— Mudei de ideia, e daí? Tenho liberdade de escolha e fiz conforme me aprouve.

— Não ouso discordar de seu livre-arbítrio. No entanto, além da responsabilidade do seu uso em relação à violência praticada, você sabe que é responsável direto por estimular James e Carly, motivando-os a darem continuidade ao ódio e à vingança.

— Eles aceitaram porque quiseram. São livres para ir e vir...

— Ninguém que odeia é livre, Donald, nem eles e muito menos você. Como é de seu conhecimento, sua imantação à Deolinda e aos parceiros que o acompanham vem de longa data. Séculos perdidos na evolução, com o afastamento dos entes queridos que os aguardam para caminharem juntos. Veja Carly, Donald.

— Que tem ela?

— É vítima da infelicidade de não estar com os filhinhos do coração, por manter o desejo puro de vingança e agrava seu distanciamento pelo fato de agir em cumplicidade com você. Será que não é chegado o momento de libertação?

— Liberdade? Que tolice!!! Essa história de liberdade não passa de um conto para tolos como você. Isso não existe.

— Engana-se, Donald. Podemos oferecer a liberdade que se encontra no perdão por intermédio do Evangelho de Jesus, ou o aprisionamento adequado, para aguardarmos o tempo exato e resolvermos as questões relacionadas aos embates infelizes de vocês três com Deolinda. Isso acaba hoje, de uma maneira ou de outra.

Novamente Donald gargalhou, sendo acompanhado por James e Carly, que, naqueles instantes, estavam mais assustados do que efetivamente achando graça naquilo tudo que presenciavam.

— É blefe! James, Carly, esse sujeito é um jogador. Não tem nada nas mãos e blefa descaradamente. Não acreditem em uma só palavra dele. Vou falar pela última vez, seu blefador: saia imediatamente daqui, antes que eu faça uso da violência.

— Desculpe-me se não tenho como atendê-lo, Donald. Mas, dado que a situação é de profundo comprometimento, estou autorizado a levá-los a uma instituição hospitalar, para que vocês recebam tratamento conveniente e aguardem pelo período de novo retorno ao corpo físico, onde será ofertada a oportunidade de reconciliação com Deolinda, ou, se você preferir, Emily.

— Ora, seu animal, vou dizer quem precisará ser internado, depois que eu acabar com você...

Donald investiu contra Saulo, e este, com um simples movimento com a destra na direção do centro coronário e frontal do agressor, sem que o toque fosse necessário, transferiu certa quantidade de energias magnéticas, neutralizando-o totalmente. A infeliz e violenta entidade foi ao solo, anestesiada pelo influxo magnético. James e Carly se aterrorizaram e se acuaram em um canto do aposento, enquanto Saulo os acalmava.

— Não é necessário o pânico. Donald está apenas anestesiado, quando suas próprias forças em desequilíbrio forneceram material suficiente para colocá-lo em descanso momentâneo. Tenham calma, pois não somos agressores. Queremos apenas aliviar-lhes o peso do sofrimento que age cruelmente em vocês há tanto tempo. Venham conosco em paz e serão cuidados com respeito, como devemos nos tratar como irmãos que somos em Deus. Vocês vêm?

Ambos responderam positivamente com um vacilante "sim"!

— Como disse — tornou Saulo — nada temam! Antes auxiliem-nos a levar o nosso irmão Donald, para que ele também receba o tratamento necessário.

Richard, que observava o desenrolar dos fatos, discretamente, questionou Camillo:

— Jamais constatei situação semelhante. Estamos agindo contra a vontade desses nossos irmãos? Trata-se de compulsoriedade?

— Entendo sua nobre atitude, meu caro Richard, mas a questão que se faz é: como tratar de enfermidade grave, senão recorrer à cirurgia emergencial? Nossos irmãos são doentes do ódio e deixá-los da maneira que se encontram será desrespeitá-los, faltando com a caridade. Para a criança desobediente, por vezes, é necessária a atitude de educação que a proíba de certas regalias, para que ela entenda as questões de responsabilidade e respeito. Para aquele que abusa da liberdade, é urgente a terapia de cerceamento, para que o comprometimento no uso do livre-arbítrio, não traga a ele mesmo e aos seus semelhantes maior dose de sofrimento e dor. Recordemos Jesus em Mateus 5:29-30: *"E, se o teu olho direito te serve de escândalo, arranca-o e lança-o fora de ti; porque melhor te é que se perca um de teus membros do que todo o teu corpo ser lançado no inferno. E, se a tua mão direita te serve de escândalo, corta-a e lança-a fora de ti; porque melhor te é que se perca um dos teus membros do que todo o teu corpo ir para o inferno"*. Porém, se o doente não tem consciência para decidir sozinho sobre o tratamento, vamos deixá-lo à mercê de si mesmo?

— Faz sentido, Camillo. Entendo que a Misericórdia do Senhor age aparentemente contra a nossa vontade, apenas aparentemente, no sentido de nos poupar de maiores dissabores. Difícil, por vezes, é entendermos esses procedimentos.

— Em um primeiro momento, pode parecer verdadeiro. No entanto, tão logo nos conscientizemos, agradeceremos a mão que interferiu em nossa atitude impensada — finalizou Camillo.

CAPÍTULO 10

REENCONTROS

Saulo e Camillo acionaram o centro hospitalar para onde seriam internadas as três desequilibradas entidades. Solicitaram transporte, convidando Richard para que os acompanhasse a pedido do diretor da instituição. O mentor de Deolinda aceitou imediatamente.

Tão prontamente o veículo estacionou, partiram em direção ao complexo hospitalar, levando os três pacientes para o início da terapia.

Ao chegarem, foram recebidos pelo próprio Doutor Francis.

— Richard, meu amigo, está tudo bem?

— Sim, Doutor, obrigado por perguntar.

— Como transcorreu a operação?

— Nunca é simples, como o senhor sabe. Alterar planejamentos reencarnatórios é sempre muito desagradável.

— Entendo, mas, às vezes, essas mudanças de rumo são necessárias para salvaguardar os interesses dos envolvidos.

— Doutor, uma pergunta: no caso de Carly e James, eles aceitaram o convite para a terapia que será levada a efeito, mas, em relação ao Donald, como a instituição poderá retê-lo contra a sua própria vontade?

— Na verdade, estamos defendendo seus interesses. Donald tem méritos e forte intercessão de sua filha, Espírito de escol, que esteve reencarnada no mesmo período do envolvimento de seu pai com Emily/Deolinda. Fruto de um relacionamento com uma serviçal de uma de suas propriedades, teve uma vida de muitas dificuldades. Porém, a oportunidade e condição da reencarnação naquela época auxiliaram-na em muito a pôr em prática os ensinos do Cristo, principalmente quanto à resignação e amparo aos mais carentes que ela mesma. Com sua postura, Liliane, seu nome na mencionada existência, saiu-se vitoriosa, trabalhando suas virtudes. Trazia uma bagagem considerável de outras experiências e agregou mais aprendizado como filha pobre e bastarda de Donald. Liliane vive atualmente em dimensão muito superior à nossa e foi ela quem solicitou nossa interferência direta em favor de seu pai. Mas isso não acaba assim. A liberdade dele não está cerceada, sem que possamos dar-lhe maiores explicações.

— Como assim, Doutor?

— Conforme informei, Liliane foi filha ilegítima de Donald. Este, por sua vez, fugiu à responsabilidade de assisti-la em suas necessidades básicas e educá-la. Contudo, em seu subconsciente profundo, no qual se encontram todos os registros das existências anteriores, está marcada a atitude imprudente de sua parte. Podemos tentar fugir de tudo; no entanto, nunca escaparemos de nossa consciência.

— Tinha ele, naquele período da história, consciência de seus atos aventureiros, Doutor?

— Sim e, por conta disso, o registro em relação à falta com Liliane e a moça que foi o seu grande amor e mãe de sua filha possui maior dimensão. *"Muito será pedido a quem muito foi dado"*, conforme ensinou Jesus, não?

— Sim, Doutor. E, agora, quais serão as novas etapas?

— Pedi a Saulo que fosse o portador de meu convite, porque receberemos a visita de Liliane daqui a poucas horas. Ela será a intermediária de nossas solicitações junto ao seu pai.

— Parece-me bem razoável, Doutor...

Providenciadas as internações das três entidades, Donald foi o único que ficou em isolamento, tendo sido sedado convenientemente para aguardar o momento propício do contato com a filha.

Carly e James, muito mais abertos para as propostas renovadoras, apresentavam-se mais tranquilos e, uma vez distantes da influência direta de Donald, davam mostras de estar se sentindo libertos da forte opressão.

Quando amanheceu, foi anunciada a chegada de Liliane, em veículo aéreo de razoável compleição, com formato circular.

Doutor Francis, Richard e Saulo foram recebê-la no espaço conveniente para o pouso. Liliane desembarcou acompanhada de uma dama, que parecia ser sua mãe.

Richard impressionou-se com a beleza de ambas. Com suas túnicas brilhantes, assemelhavam-se a verdadeiros serafins. Ao se aproximarem, exalavam perfumes de flores variadas, quando a beleza rara ficava ainda mais ressaltada, com a delicadeza dos gestos. Com profundo respeito, foram saudadas pelo Doutor Francis:

— Sejam bem-vindas, honoráveis irmãs. Somos

criaturas abençoadas por Jesus em tê-las em nossa companhia.

— Caro Doutor Francis, ficamos muito gratas. Porém, não somos merecedoras de tamanho destaque. Apenas e tão somente somos servas do Cristo, como todos aqueles que operam no interesse do Evangelho Redentor. Estamos agradecidas pela oportunidade de servir. Aproveito para apresentar Elisabeth, que foi minha mãe e amiga de meu pobre coração, na existência na qual tive Donald como meu pai.

Todos saudaram a jovem matrona que, por sua vez, dava também mostra de grande elevação. Depois dos cumprimentos, ela iniciou, dizendo:

— Sou eterna devedora dos seus préstimos assim como de sua equipe, Doutor Francis. Há muito venho buscando meu querido Donald, de quem fui consorte em oportunidade anterior à existência no século de Henrique VIII; contudo, sem sucesso de resgate. O nosso pobre Donald já se perde em aventuras desde há muito tempo e acresce seus sofrimentos com a perseguição a Emily, em atitude auto-obsessiva, subjugando-se em um monoideísmo cruel. Queira Deus e Nosso Senhor e Mestre que consigamos demovê-lo de sua enfermiça situação!

— Tenho certeza, nobre senhora, de que a presença de ambas muito nos auxiliará em nossos propósitos. Donald necessitará de terapia em profundidade, que poderá ser um tanto minimizada, com o fato desse proveitoso contato. Nessa altura, ele já se encontra desperto e, como pode ser esperado, demonstrará grande revolta, por estar com a sua liberdade bloqueada. Caso estejam prontas, podemos nos dirigir até seu aposento.

— Vamos imediatamente, Doutor — concordou Liliane.

Chegando ao ambiente, o Doutor Francis solicitou que ele, Richard e Saulo entrassem e iniciassem os primeiros contatos, procurando esclarecê-lo sobre a situação de necessário enclausuramento.

Donald encontrava-se em uma cama, com mãos e pés atados por faixas, evitando qualquer atitude violenta de sua parte.

O Doutor Francis entrou, seguido pelos dois acompanhantes, saudando o paciente de maneira simpática e amorosa:

— Como está indo, meu caro Donald? Espero que muito bem, e nas graças de Deus.

— Quem é você e o que quer de mim com essa conversa beata?

— Sou o Doutor Francis, responsável pela instituição hospitalar que o abriga.

— Hospital? Não estou doente para ser internado e amarrado em um leito como um animal. Exijo que me libertem imediatamente.

— Faremos isso. No entanto, teremos que obter de você a concordância que se portará como um cavalheiro, mantendo a serenidade, para que possamos encontrar uma saída para o desagradável episódio que envolveu Deolinda.

— Emily, aquela miserável. No mínimo você e seus capangas aqui — apontou com um gesto de cabeça Richard e Saulo — estão protegendo aquela delicada serpente. A propósito, onde estão os meus amigos?

— Estão bem e aceitando de muito bom grado a assistência prestada. Encontram-se esgotados de tanto sofrimento e em breve estarão libertos do ódio e do rancor por intermédio da metodologia educativa do Evangelho de Jesus. Metodologia essa que gostaríamos de propor a você também.

— Deixe de conversa sobre Evangelho e essas baboseiras carolas e libertem-me agora mesmo. Vocês saberão o que é educação, tão logo eu saia daqui, seus vermes.

— Muito bem, já que insiste, chamarei duas senhoras para que façam o procedimento de liberação de suas faixas. Só um instante...

Doutor Francis solicitou para que as nobres damas adentrassem ao recinto.

A presença luminosa das elevadas entidades deixou Donald um tanto apreensivo. Foi Elisabeth quem iniciou o diálogo:

— Como está você, meu querido? Há quanto tempo não nos encontramos frente a frente, apesar de estar sempre ligada ao seu coração?

— Quem é a senhora? O que pode querer de minha pessoa?

— Sou Elisabeth, lembra-se? Vivemos um período de união que, infelizmente, foi interrompido pelas questões sociais da época. O nosso relacionamento proporcionou nossa filha, Liliane, que aqui está ao meu lado.

A energia amorosa de ambas as entidades envolvia todo o ambiente e Donald, ouvindo os nomes, teve um choque, despertando imediatamente suas recordações adormecidas em seu subconsciente profundo. Ele ficou por instantes completamente confuso com a surpresa. Gradativamente foi se recuperando e balbuciou:

— Não pode ser... Elisabeth, Liliane... Deus, quanto tempo se passou... Socorram-me por misericórdia, porque devo estar perdendo a razão...

Liliane aproximou-se e colocou sua destra no centro coronário de Donald, acalmando-o rapidamente, para que a surpresa não se transformasse em desequilíbrio, pondo a perder tão significativo momento.

— Tranquilize-se, meu pai, pois estamos juntos de seu coração para que nos auxiliemos mutuamente. Vamos retirar suas ataduras a fim de que possamos abraçá-lo e matar as nossas saudades...

Saulo lepidamente retirou as faixas, e Donald sentou-se na cama, sendo envolvido pelas duas senhoras em um abraço afetuoso e demorado. De seus olhos corriam grossas e pesadas lágrimas, tendo a cena capacidade de emocionar a todos.

— Por misericórdia, Elisabeth, me perdoe...

— Não há o que perdoar, meu querido. Estamos juntos novamente e é isso o que importa. Eu, Liliane e todos os que aqui se encontram possuímos um único interesse: a reconciliação com o amor de Jesus, por meio do perdão que santifica e cura todas as feridas.

— O que será de mim, Elisabeth? Vivo em um inferno, do qual nunca mais sairei...

— Não pense assim. Ninguém está abandonado. O Senhor nos ama e deseja o nosso pregresso. Você ficará a cargo destes nobres cavalheiros, até que se recupere e esteja pronto para voltar ao planeta, para os resgates necessários. Por nossa vez, estaremos ligados pelo amor, porque quem ama jamais se distancia. Tenhamos fé na Misericórdia Divina, que não desampara Seus filhos.

Com um sinal, Doutor Francis solicitou que Donald e as duas damas fossem deixados a sós, para que a terapia do amor, com a ajuda das recordações, pudesse ser iniciada. Eles teriam muito que conversar...

CAPÍTULO 11

RETORNANDO

Com as entidades obsessoras encaminhadas para novos desafios, retornamos à noite do desencarne de Deolinda, acompanhando o desenrolar dos fatos.

Kelly, a mãezinha dedicada, esporadicamente tinha sono tranquilo, desde quando Deolinda ficara enferma. Geralmente, acordava em sobressalto, porque a menina, no pouco que dormia, tinha sonhos povoados por pesadelos. Todos eles infligidos pela ação magnética das três entidades fascinadas pela obsessão.

Naquela noite em questão, Kelly despertou por volta das duas horas da madrugada e estranhou que a filha não tivesse, até àquela hora, passado por alguma de suas rotineiras crises. Achou melhor chamar Jonathan, que estava em sono profundo.

— Querido, acorde. Estou achando muito estranho o silêncio. Deolinda está dormindo direto, coisa muito rara. Será que ela está bem?

— Hum... Deve estar, deve estar... Quer que eu vá dar uma olhada?

— Não, pode deixar. Eu mesma vou...

A doce esposa de Jonathan levantou-se, vestiu

seu robe, pois a temperatura estava mais fria naquela hora da madrugada, e dirigiu-se para o quarto da filha adorada.

Pôde-se ouvir um grito de horror, que ecoou pela casa toda, tirando Jonathan da cama em um sobressalto.

Ele, meio atordoado pelo despertamento rápido, foi ao encontro da esposa, derrubando objetos pelo corredor. Ao entrar no quarto de Deolinda, deparou-se com o panorama doloroso.

A esposa tentava despertar a menina, cuja tez já se encontrava cadavérica e a temperatura corpórea desaparecera totalmente. Kelly gemia em lágrimas e soluços:

— Ela está morta, Jon... Nossa filha morreu... Veja, está gelada... Meu Deus, tenha misericórdia de nós!... O que foi que fizemos para merecer isso? Só vivenciamos dor e sofrimento nos últimos tempos com nossa criança... Isso não é justo... Não é justo...

Jonathan caiu de joelhos ao lado da esposa, como se um raio houvesse fulminado suas forças, gritando descontroladamente.

Um dos vizinhos, ouvindo os brados do amigo,

pulou o muro da residência, começou a esmurrar a porta dos fundos e a chamar pelos moradores.

O barulho tirou Jonathan momentaneamente de sua letargia, fazendo com que ele recobrasse um pouco do seu raciocínio. Levantou-se e foi cambaleando até a porta, abrindo-a em um gesto mecânico.

O vizinho, lívido, trajando pijamas, perguntou:

— Jonathan, o que foi? Meu Deus, o que aconteceu?...

O pobre pai de Deolinda, desabando em lágrimas, respondeu:

— Nossa Deolinda está morta, morta...

Não teve mais condição de continuar, porque suas forças lhe faltaram e o amigo, rapidamente, susteve-lhe nos seus braços, evitando que Jonathan fosse ao solo.

Logo, outros moradores próximos acorreram ao local, buscando amparar o casal diante daquela prova tão árdua.

Uma das senhoras presentes encarregou-se de pegar a agenda de telefone, chamar os avós de Deolinda e comunicar os parentes mais próximos, enquanto outros moradores buscavam as autoridades locais para os procedimentos necessários.

As senhoras, amigas de Kelly, cuidaram de ministrar-lhe calmantes naturais para que esta não viesse a desfalecer, diante de tanta dor. Jonathan emudeceu a partir daquele instante, enquanto, em seus pensamentos, a revolta tomava dimensões inadequadas.

Uma verdadeira fera rugia no seu íntimo, questionando a sua própria vida, a injustiça pela qual acreditava estar passando e o roubo de sua felicidade. Por não ter nenhuma ligação com aspectos espirituais e tratar a religião como mera formalidade, o desespero tomava conta integral de sua mente.

Deus, para ele, não passava de uma entidade criada para manipular a coletividade. Era só observar o fausto de todas as igrejas e de seus sacerdotes. Enquanto esses pensamentos reverberavam em seu cérebro, um dos presentes, um jovem rapaz, dirigiu-se a ele:

— Senhor Jonathan, gostaria que chamássemos o sacerdote?

Jonathan nem sequer reconheceu o rapaz que fora o responsável pelo questionamento e, indelicadamente, respondeu:

— Para quê? Ele vai restituir a vida de minha filha? Para que servem os sacerdotes? Tomar algum dinheiro que não possuo?

O jovem retirou-se lepidamente da presença do pai de Deolinda, que visivelmente não raciocinava munido de qualquer senso, naquele instante.

Foi quando os avós chegaram e, ao verem a cena dolorosa, procuraram manter o equilíbrio, pela própria experiência de vida que possuíam e tirar Jonathan da linha de pensamentos revoltosos que nutria naquele instante, buscando amparar Kelly diante de sua dor.

Foi o sogro de Jonathan quem tomou a frente dos preparativos, uma vez que o genro não concatenava razoavelmente suas ideias.

Todos os procedimentos foram por demais custosos aos sentimentos dos envolvidos. O velório, as exéquias e o retorno ao lar, sem a possibilidade de continuar convivendo com a linda e bondosa criança. O casal era muito estimado por todos, e Deolinda, de fato, havia coroado de flores o relacionamento de seus pais. Agora, somente restavam os espinhos e a tristeza, segundo acreditavam Kelly e Jonathan.

CAPÍTULO 12

VISITA OPORTUNA

Com o passar das semanas, a quase ou total falta de atenção com os aspectos espirituais da vida e a religião somente tratada como obrigação social levaram o jovem casal ao desespero.

As crianças vistas nas ruas eram imediatamente confundidas com Deolinda, por uma enganosa projeção, acreditando-se vítimas das circunstâncias ou injustiçados pela vida.

Para aplacar a dor imensurável daquele coração materno logo se apresentaram indivíduos inescrupulosos, dizendo-se intermediários do plano espiritual e que poderiam trazer notícias de sua filha mediante certo valor. Kelly queria acreditar na continuidade da existência de sua filha amada e, então, apegava-se a qualquer situação, por mais ridícula que se mostrasse, no intuito de receber notícias da recém-desencarnada. Sem preparo algum de sua parte, tornou-se presa fácil dos interesseiros.

Uma de suas vizinhas, vendo aquela jovem impondo a si mesma verdadeira tortura, resolveu visitá-la em momento oportuno.

— Kelly, minha querida, como você está?

— Péssima, Dona Conceição. Minha vida é só

chorar o dia todo pela dor da perda de minha única e adorada filha...

— E seu marido como vai?

— Jonathan agora deu para beber, com a justificativa de minimizar a tristeza que sente. Isso só tem piorado minha situação, porque, não bastando a dor da separação de Deolinda, tenho que administrar meu relacionamento. Geralmente, meu marido chega em casa alterado pelo consumo de bebidas fortes.

— Você tem procurado orar, minha filha?

— Sendo muito sincera, Dona Conceição, nunca fui de cultivar tal hábito. Tenho procurado gente que diz ter a condição de intermediação com os "mortos". Busco contatar minha Deolinda, porém, sem sucesso.

— Jonathan sabe disso?

— Não, senhora. Creio que, se ele vier a saber, será mais um motivo para desavenças entre nós. Tenho ido à procura dessas pessoas, durante o expediente do trabalho dele.

— Minha querida Kelly, precisamos fazer algo em relação a esse momento, urgentemente. Vocês devem procurar auxílio médico especializado e, ao mesmo tempo, uma casa espírita, para uma assistência espiritual em paralelo que, tenho certeza, trará conforto para seu coração dolorido, fortalecendo inclusive o seu marido. Não é possível continuar assim.

— Já havia comentado com Jonathan sobre a possibilidade de buscarmos ajuda médica, mas o dinheiro que tínhamos foi todo gasto na enfermidade de Deolinda e, com seu sepultamento, nos endividamos ainda mais. O salário de Jonathan mal dá para pagar as contas, porque os empréstimos que fizemos precisam ser quitados. É gente que tirou de seu próprio sustento para nos auxiliar naquela hora de desespero. Portanto, não poderemos faltar com nossas responsabilidades...

— Kelly, sem crítica alguma, certas pessoas de má-fé estão tirando de vocês, de você especificamente, o pouco que lhes sobra. Sem que eu me alongue neste particular, posso fazer uma proposta?

— Claro que sim...

— Conversei com Olavo, meu marido, e ficaríamos muito felizes em poder auxiliar. Somos espíritas, e nossa instituição possui assistência especializada para casos dessa natureza: a partida de entes queridos. Não ousamos falar em "perdas", porque ninguém perde aqueles que amam. Somos Espíritos imortais e somente mudamos de dimensão. Não prometo, neste momento, qualquer possibilidade de comunicação com a nossa querida Deolinda, mas, inicialmente, precisamos trabalhar o fortalecimento de vocês, para que a vida prossiga o mais regularmente possível. Se houver qualquer notícia de Deolinda, será dentro do tempo adequado. Não podemos forçar a natureza, compreende?

— Tento compreender a vontade de Deus, Dona Conceição. Todavia, encontro-me desesperada. Preciso saber algo de minha filha. A senhora entende isso, não?

— Sim, porque sou mãe também. No entanto, é essencial que nos equilibremos para que essa possibilidade possa ocorrer de maneira satisfatória. Pensamos em nossa dor e saudade, mas como a pessoa que "partiu" poderá se sentir, ao ver-nos em desespero, por conta de sua ausência? Necessitamos, minha querida, pensar neles também. O fato de mudar de uma dimensão para outra não lhes suprime o sentimento. Parece razoável?

— Parece sim. Nunca pensei nisso até agora. Meu Deus! Devo estar pecando seriamente.

— Esqueça isso, Kelly. Nada de imputar culpa a si mesma. Precisamos, na verdade, nos instruir no Evangelho de Jesus e, em vez de nos preocuparmos com o "pecado", educarmo-nos convenientemente, para vivermos nossa vida em plenitude. O pecado nada mais é do que nosso desconhecimento das verdades da vida. Erramos muito mais por desconhecimento do que por intenção. Uma vez conhecendo a nós mesmos, estaremos dominando nossas inclinações infelizes e fortalecendo virtudes.

— Bem, já falei demais, não?

— Não, senhora, absolutamente. Está me fazendo um bem enorme, sinto-me envolvida por ondas de imensa paz...

— Bom... Vou presenteá-la com um exemplar de *O Evangelho Segundo o Espiritismo*, para que você leia, ou melhor, com o tempo, estude-o, para conhecer Jesus. Kelly, minha querida, conhecendo Jesus, conheceremos a nós mesmos. Você verá! Por favor, fale com Jonathan sobre a possibilidade de irmos até a instituição que Olavo e eu frequentamos. Caso ele concorde, é muito provável que o sofrimento dele possa, também, ser minimizado. Já tomei muito do seu tempo. Preciso ir cuidar da vida. Fico aguardando uma resposta sua, está bem?

— Muito grata, Dona Conceição. A senhora aceitaria um chá ou café?

— Fica para outra hora, minha querida. Você já me ofereceu a oportunidade de falar sobre Jesus. É mais do que eu mereço, acredite. Obrigada e fique em paz!

— Obrigada, Dona Conceição. Vá com Deus!

CAPÍTULO 13

UM TOQUE DE JESUS

O jovem casal estava longe de suspeitar que o Doutor Francis solicitara que Richard assumisse a direção das operações de assistência junto aos amigos espirituais de Kelly e Jonathan.

Na visita de Dona Conceição, o próprio Richard estava presente, inspirando a gentil senhora e envolvendo Kelly em vibrações de conforto e esperança.

A jovem senhora, no mesmo dia em que recebeu das mãos de Dona Conceição a preciosa obra, abriu-a, acreditando ser ao "acaso", porém, foi influenciada beneficamente pelo mentor, que a dirigiu ao Capítulo V – "Bem-aventurados os aflitos", no item 21, mensagem de Sansão, psicografada em Paris, no ano de 1863, intitulada: "Perda das pessoas amadas, mortes prematuras".

Ao ler a belíssima e confortadora página, com os olhos banhados em lágrimas, foi tomada por profundas vibrações de consolo e, completamente envolvida por Richard e alguns dos seus amigos espirituais, sentou-se em uma poltrona na qual, praticamente, leu a obra toda, em questão de poucas horas. Era uma leitura sôfrega, como se fora um náufrago que, estando em desespero, tivesse encontrado uma tábua para sua salvação.

Enquanto isso, ao término do laborioso dia de trabalho de Jonathan, um dos mentores espirituais encaminhados pelo prestimoso Doutor Francis, aplicou energias vigorosas no centro esplênico do jovem, causando-lhe certa indisposição.

Ao ser convidado pelos colegas para um drinque depois do expediente, ele se escusou, alegando mal-estar.

Chegou a casa em condições sóbrias, encontrando Kelly menos abatida, o que lhe causou profunda alegria. Não se conteve diante da esposa, ao ver um brilho diferente no olhar, e perguntou:

— Está tudo bem, minha querida?

— Sinto-me muito melhor. Recebi uma visita hoje que me deixou mais confortada em relação à nossa Deolinda.

— Não diga? Quem foi esse "anjo" bom?

— Uma das nossas vizinhas, com quem não tenho muito contato, apareceu para uma visita rápida e conversou comigo, oferecendo-nos auxílio em uma instituição beneficente que ela frequenta com o marido. Presenteou-nos com uma obra que me deixou mais tranquila e confiante.

— Sim? Do que se trata?

— Eles são espíritas, e ela me deu *O Evangelho Segundo o Espiritismo*.

— Espíritas, Kelly? Esse pessoal não mexe com coisas para prejudicar as pessoas? Não se trata de mais uma seita para enganar ignorantes?

— Pelo contrário. No entanto, vou deixar para você tirar as suas conclusões após a leitura do livro.

— Kelly, Kelly, aonde nossa dor poderá nos levar? Nosso desespero é tamanho que poderemos nos envolver com negócios arriscados. Essas coisas de Espíritos... Não sei, não?

— Não são coisas de Espíritos, meu querido. Trata-se do Evangelho de Jesus. Espero que lhe faça tão bem, como está fazendo para mim.

— Falando em bem ou mal, estou sentindo certa indisposição. Parece-me ser o fígado. Será que você poderia providenciar um chá de boldo?

— Claro, meu amor. Mas procure ficar atento, que isso pode ser os efeitos dos drinques no fim do expediente.

Jonathan ia partir em defesa própria, quando

Richard interviu inspirando-lhe palavras de bom senso. O jovem esposo de Kelly manteve-se calado e assimilou positivamente a advertência.

Depois do chá, sentindo-se melhor, dirigiu-se à esposa em tom carinhoso e pediu para ver o livro que fora presenteado.

Abriu na parte final da obra, no Capítulo XXVIII – Coletânea de Preces Espíritas, no item 62 – "Prece pelas pessoas a quem tivemos afeição".

Pelo posicionamento praticamente ateu de sua pessoa, quedou-se surpreendido quando leu as primeiras palavras do item em questão, cuja frase impactou-o fortemente: "Como é horrível a ideia do nada". Foi lendo com atenção e, quando iniciou a prece específica constante no item 63, sensibilizou-se profundamente, no momento que a dirigiu para sua filha mui amada.

As transformações iniciadas pelo toque de Jesus naqueles corações desesperados abriam novas e derradeiras perspectivas de autoiluminação...

CAPÍTULO 14

O BOM PASTOR

Jonathan interessou-se tão intensamente pela obra que, em questão de dias, já havia feito uma releitura. Foi quando recebeu o amável convite de Dona Conceição, para que fossem assistir a uma palestra na casa espírita, a qual ela e o marido frequentavam há mais de 20 anos.

Eles aceitaram e, em uma noite de sexta-feira, seguiram em direção ao centro. A casa tinha dimensões diminutas, porém, com um grupo muito sério e coeso, interessado no estudo, trabalho e evangelização de seus membros.

A palestra da noite estaria sob a responsabilidade do próprio dirigente da instituição e o tema a ser analisado era "O Jugo Leve".

O orador iniciou lendo os ensinamentos de Jesus, registrados por Mateus, no capítulo XI, versículos de 28 a 30: *"Vinde a mim todos os que estais cansados e oprimidos, e Eu vos aliviarei. Tomai sobre vós o meu jugo e aprendei de mim, que sou manso e humilde de coração; e encontrareis descanso para as vossas almas. Porque o meu jugo é suave e o meu fardo é leve"*.

Mal a palestra havia se iniciado e Jonathan, desabituado a concentrar-se em assuntos relativos ao

Evangelho ou a qualquer tipo de exposição instrutiva, adormeceu profundamente. Infelizmente, essa situação é mais comum do que se possa imaginar, por
se tratar de condição puramente fisiológica, quando
a falta de hábito reduz a quantidade de energias em
áreas cerebrais específicas, relativas às funções da
atenção para assuntos pouco corriqueiros, trazendo
o desconforto do sono durante aulas ou mesmo uma
simples leitura. Especificamente, no caso do pai de
Deolinda, em nada se relacionava a qualquer processo obsessivo ou hipnose a distância, por algum
Espírito interessado em mantê-lo em ignorância.

Kelly tentara manter o marido desperto. No
entanto, não alcançara êxito. Encontrava-se fortemente impressionada e acreditava ser realmente
uma pena que Jonathan estivesse perdendo aquele discurso firme e altamente inspirado pelo mentor espiritual, responsável pela instituição. Tinha a
nítida impressão de que todas as palavras estavam
sendo dirigidas ao seu dolorido coração de mãe,
sentindo-se, desta forma, extremamente consolada.

Ao término da instrutiva e edificante palestra,
todos os presentes foram convidados à sessão de

fluidoterapia, não sendo, obviamente, obrigatória a participação. Foi quando Jonathan despertou de sua letargia. Um tanto embaraçado perguntou à esposa o que havia ocorrido:

— Tão logo o orador da noite iniciou a preleção, você adormeceu como se estivesse anestesiado.

— Que lamentável! Sinto realmente...

Dona Conceição, que estava mais próxima do casal, foi extremamente polida em explicar-lhe a normalidade de momentos como esses. O cansaço do dia ou talvez a falta de hábito produzira esse efeito. Que ele insistisse, porque a concentração, como qualquer outra atividade, carece de exercício, para que se torne plena.

Dirigiram-se à câmara de passes, e Jonathan, ao receber os eflúvios magnéticos, sentiu-se extremamente bem e fortalecido. Durante a aplicação do passe, teve a impressão de ter sido transportado para outro sítio, onde passara por uma espécie de higienização, produzindo um bem-estar não experimentado até então.

Após os passes, foram apresentados para o dirigente e alguns outros membros da entidade, que lhes deram as boas-vindas e renovaram o convite para futuras participações.

Retornaram ao lar, acompanhados pelos novos amigos, aos quais não cansaram de repetir os agradecimentos pela oportunidade tão edificante.

Dona Conceição e seu marido, Olavo, Espíritos acostumados ao serviço de assistência ao próximo, humildemente transferiram a gratidão dos jovens para o verdadeiro responsável: Jesus.

Ao entrarem em casa, foi Kelly quem retornou ao assunto:

— Você notou, meu querido, como essas pessoas que conhecemos hoje parecem ter um toque especial? É incrível o interesse deles por nós e pelo nosso bem-estar.

— Notei, sim, apesar de ter "apagado" literalmente durante a palestra do presidente da instituição. Espero que ele não tenha me interpretado mal, mas foi um sono irresistível.

— Acredito que este fato, conforme Dona Conceição nos orientou, deve ocorrer com certa frequência. O importante é saber se você gostou. Acha que será possível retornamos?

— Creio que sim. Senti-me muito bem, princi-palmente depois do passe. Nunca pude imaginar que algo tão simples produzisse um bem-estar tão grande. Deu-me a impressão de ter sido transpor-tado para outro lugar, repleto de paz.

— Engraçado, Jonathan, mas foi esse o mesmo sentimento que experimentei. Desde a enfermida-de de nossa Deolinda, eu nunca mais havia sentido tanta paz. Que bom, não?

— Parece que fomos abençoados por Jesus, Kelly. Como nos ensina o Evangelho: somos as ovelhas desgarradas, que foram resgatadas pelo Bom Pastor.

Enquanto isso, na dimensão espiritual, Richard, que acompanhara o tempo todo o jovem casal, agradecia a Deus e ao Mestre Jesus, a sagrada opor-tunidade de renovação de seus irmãos que, por meio da difícil experiência, estavam se resignando diante da prova, transformando a revolta em luz para suas vidas.

CAPÍTULO 15

O CONVITE

Os dois novos frequentadores da casa espírita estavam na fase de puro encantamento, mais interessados pelos aspectos fenomênicos, sendo espíritas mais por curiosidade, principalmente pela possibilidade de comunicação com a filha recém-desencarnada.

Dona Conceição, experiente no trato com os neófitos, convidou-os ao estudo sistematizado da Doutrina. Ela recomendava como necessária a instrução aprofundada na Codificação e, posteriormente, a análise das obras complementares, como exemplos: Emmanuel e André Luiz.

Jonathan era o mais afoito e um grande devorador de livros, se comparado à esposa. Seu empenho voltava-se inicialmente para informações referentes à origem, natureza e destinação dos Espíritos.

Entretanto, a experiente senhora estimulava o jovem casal a construir em paralelo o terreno sólido da redenção, que são os ensinamentos materializados no íntimo de cada um, com transformações objetivas, evangelizando o comportamento.

Kelly, todavia, apesar da assistência que a casa lhe proporcionava, mantinha o seu coração em frangalhos. Naturalmente, todos os que a assistiam sabiam que somente um coração materno poderia entender outro, que houvesse vivenciado prova tão delicada, em relação ao desencarne de um filho ou filha. A tristeza era profunda, dando mostras de uma futura depressão.

O dirigente da instituição, consultando os mentores espirituais, recebeu a recomendação para iniciar uma assistência espiritual, sugerindo a Kelly que procurasse um terapeuta especializado para atuar diretamente em seu quimismo cerebral. Os iluminados guias identificavam as descompensações além do perispírito, influenciando com profundidade a organização fisiológica.

Como o casal se encontrasse ainda em dificuldades financeiras, o centro indicou um psiquiatra, facultativo este que fazia parte do quadro de voluntários da instituição. Dessa forma, a recuperação da esposa de Jonathan seria mais acelerada.

Em pouco tempo, as consultas se sucederam e a terapia começou a dar resultados. O tratamento magnético, aliado à medicação adequada, oferecia relativo conforto para aquele coração dolorido.

Com o passar dos meses, o casal matriculado nos cursos de Evangelização foi convocado para o início das atividades na casa.

Jonathan candidatou-se como auxiliar de informações na portaria do centro, e Kelly foi servir com outras senhoras na cozinha, que era responsável por grande parte dos recursos captados, além da livraria e do quadro de sócios, para fazer frente às despesas da casa, no atendimento espiritual e social, com foco nas famílias carentes da região.

Sem dúvida, o trabalho é o medicamento "milagroso" de Deus, porque afasta-nos dos pensamentos desequilibrantes e de suas consequências. A ocupação é o remédio para todos os males.

O casal apresentava maior disposição, dando mostras de esperança no porvir, apesar das saudades — elemento natural do amor — que mantinham da filha querida. A medicação indicada para o caso do quadro depressivo de Kelly fora reduzida ao mínimo, em virtude de sua rápida recuperação. O tempo correu célere e, próximo do fim do ano, Dona Conceição apresentou-lhes um convite. O centro promovia uma caravana, intitulada "Caravana do Natal", para a cidade mineira de Uberaba, onde visitariam não somente a Comunhão Espírita Cristã, na qual trabalhava o iluminado médium mineiro Francisco Cândido Xavier, o querido "Chico", como também visitariam a cidade de Sacramento e as atividades continuadas do benfeitor Eurípedes Barsanulfo, por intermédio de sua sobrinha Heigorina Cunha.

Jonathan e Kelly davam a impressão de que explodiriam de tanta alegria. Conhecer o autor de obras que eram por eles estudadas em suas aulas no curso de aprendizes do Evangelho e também no de Educação Mediúnica era verdadeira bênção do Cristo materializada em suas vidas.

No plano espiritual, tudo era festa. Richard, Doutor Francis, os mentores e amigos espirituais do casal vibravam e compartilhavam a felicidade ao vê-los encaminhando-se para o bem.

O ensino de Jesus, registrado em Lucas 15:7, era vivo para todos eles, quando o Mestre e Senhor disse: *"Eu lhes digo que, da mesma forma, haverá mais alegria no Céu por um pecador que se arrepende do que por noventa e nove justos que não precisam arrepender-se"*.

CAPÍTULO 16

A VIAGEM

A caravana partiu da região sul do Brasil, em dois ônibus fretados pelo centro, rumo a Uberaba.

Jonathan e Kelly estavam exultantes, não só pelo fato de conhecer aquele que era o maior médium da história, como também com a viagem em si. Desde que a filha adoecera, eles não haviam tido oportunidade de espairecer um pouco. A viagem iria com certeza fazer muito bem.

O percurso foi vencido em mais de 23 horas, com algumas paradas. Naquela época, as estradas, na maioria dos trechos, eram de mão única, com um movimento pesado de veículos, principalmente de caminhões, que faziam o transporte de mercadorias entre importantes cidades dos Estados do Rio Grande do Sul, São Paulo e Minas Gerais.

Amanhecia quando chegaram a Uberaba, naquela sexta-feira, no verão de 1970. Foram direto para um hotel central, onde ficariam hospedados. As reservas e acomodações já estavam devidamente preparadas, conforme as solicitações da equipe do centro, responsável pelo evento.

Descansariam durante à tarde, depois do longo trecho percorrido, para se dirigirem à noite, à reunião a ser realizada na Comunhão Espírita Cristã. No horário marcado, reuniram-se no saguão do hotel e logo partiram em direção à casa espírita.

Chegaram quase 45 minutos antes do horário e puderam ver Chico Xavier atendendo e conversando com várias pessoas. Kelly, de estatura mais baixa, fazia um esforço em ficar na ponta dos pés para ver o médium que estava praticamente cercado pelas pessoas que se aglomeravam no local.

De repente, ouviu seu nome ser chamado. A princípio, não entendeu muito bem, mas pareceu ser o seu nome que era pronunciado pelo médium que estava um pouco distante dela. Como permaneceu imóvel, acreditando que pudesse estar ouvindo demais, foi novamente chamada, agora com uma identificação positiva.

— É você mesma, minha filha. Por favor, aproxime-se com o seu marido, Jonathan.

— Como era possível? — pensava ela. No meio daquela gente toda de que maneira o médium poderia saber que eles estavam presentes?

O dirigente da instituição que o jovem casal frequentava encontrava-se um pouco mais próximo de Chico e, achegando-se, confirmou:

— É com vocês mesmo que o nosso querido Chico quer falar. Por favor, vamos até ele.

Kelly mais à frente tomou a iniciativa e beijou a mão daquela criatura que irradiava luz, no que foi correspondida imediatamente com o mesmo gesto.

A emoção invadia aquele coração materno, tocando as demais pessoas, que se encontravam em volta do médium.

Chico cumprimentou Jonathan e também o dirigente da instituição, senhor Gustavo, seu velho conhecido, saudando a todos, com simplicidade e amor Fraterno.

Olhando profundamente nos olhos de Kelly, perguntou:

— Como estão indo os estudos e os recentes trabalhos que os meus jovens amigos abraçaram na casa espírita?

Jonathan e Kelly quedaram-se boquiabertos. Eles tinham acabado de entrar na Comunhão Espírita e eram inquiridos como se fossem velhos conhecidos.

Foi Kelly quem novamente tomou a iniciativa

e respondeu:

— Bem, senhor Francisco.

— "Chico" para você e para todos, minha filha. Entre irmãos não existem formalidades, não é?

— Sim, senhor, digo, sim, Chico. Concordo plenamente...

— Que bom que vocês vieram fazer parte de nossa simples tarefa! Desde há muito os aguardava...

— Obrigada, Chico, muito obrigada...

— Não há o que agradecer. Podemos nos preparar para o trabalho?

— Como não? Agora mesmo...

A reunião transcorreu sob forte emoção de todos os participantes, com as mensagens elevadas das entidades comunicantes, principalmente de Emmanuel, mentor do querido médium. Quando foram encerrados os trabalhos da noite, Chico tornou a chamar o casal e Gustavo. Dirigindo-se a eles, disse:

— Espero não importuná-los em suas programações, mas seria uma honra recebê-los em minha residência, amanhã, no fim da tarde, depois das visitas às casas de nossos irmãos e do Evangelho no abacateiro. Tomaremos café ou um chá, acompanhado de um pedaço de bolo de fubá, que eu mesmo terei prazer em preparar.

Novamente a surpresa para o casal. Gustavo que estava acostumado aos repentes daquele amigo de outras eras sorriu, agradecido e satisfeito. Todos se despediram do médium e puseram-se a caminho do hotel, levando as doces vibrações daqueles momentos indizíveis para todos os presentes.

CAPÍTULO 17

MENSAGEM DE AMOR

Todos os componentes da caravana fizeram questão de acompanhar o Chico em seus trabalhos de sábado à tarde. Depois do Evangelho no abacateiro, Gustavo abordou discretamente o anfitrião:

— Chico, você tem certeza de que não vamos atrapalhar as suas atividades, indo até a sua casa? Estamos satisfeitos com esse nosso reencontro e não queremos incomodá-lo...

— Gustavo, vocês não são incômodo algum. Pelo contrário, são os presentes que Jesus envia para o meu coração. É uma alegria recebê-los em minha casa. Por favor, eu ficarei aguardando.

No horário aprazado, Gustavo compareceu com o casal, que se mantinha completamente embevecido. Era a primeira vez que estavam em Uberaba e já haviam sido convidados para um café na casa do próprio Chico.

— Meu Deus, quanta mudança de um momento para o outro! — falavam entre eles.

Chico os recebeu como de costume, sempre muito bem-humorado, contando seus "causos" engraçados e fez questão de servir o chá e o bolo que havia previamente preparado.

Quis saber como estava indo o movimento espírita no sul do país e especificamente as atividades da instituição que Gustavo comandava. Conversaram descontraidamente por mais algum tempo e, de repente, o médium sugeriu:

— Poderíamos fazer uma prece? Estão presentes algumas entidades, e uma delas desejaria grafar algumas palavras para os amigos.

Todos atenderam com muito carinho ao convite do iluminado medianeiro. Chico providenciou papel e lápis, e Gustavo posicionou-se ao lado do médium, caso ele necessitasse de qualquer auxílio, além de encarregar-se da prece inicial. O médium tomou do lápis e, velozmente, registrou uma curta mensagem. Terminada a psicografia, oraram para o encerramento da pequena reunião, e Chico procedeu à leitura:

"Querida mãezinha Kelly e papai Jonathan, Deus nos abençoe!

Por vezes, os caminhos que percorremos parecem separar-se de forma abrupta. No entanto, digo-lhes que nossos corações continuam ligados no mesmo amor com que fui recebida e cuidada por vocês.

Nem sempre entendemos os desígnios divinos em nosso favor, revoltando-nos em determinados instantes, pela falta de compreensão de que o remédio aparentemente amargo é o que cura efetivamente.

Estou bem e feliz por encontrar vocês na tarefa de amor ao nosso semelhante. Fui recebida deste lado da vida por amigos, parentes e mentores, que muito me auxiliaram a vencer as saudades que sinto de vocês, que são os amores de minha vida.

Confiemos em Deus e em nosso Mestre Jesus, para que, tão logo possa, estejamos juntos novamente.

Beijos de sua amada filha do coração, Deolinda".

Os pais de Deolinda estavam tomados pela emoção e o próprio Gustavo enxugava singela lágrima que teimava em cair de seus olhos.

Kelly aproximou-se de Chico e beijou-lhe as mãos, gesto sempre devolvido por aquela alma simples e amorosa.

Agradecidos, permaneceram mais alguns minutos com o querido amigo, até que Gustavo lembrasse a necessidade de retornarem ao hotel. O médium precisava preparar-se para a reunião da noite no centro.

Ao se despedirem, Chico, com sua simplicidade, disse:

— Venham mais vezes me visitar. Quem sabe, em um curto espaço de tempo, tenhamos gente nova nessa caravana, não?

CAPÍTULO 18

GRANDE ALMA

Gustavo, Jonathan e Kelly entreolharam-se quando Chico, ao se despedir, citou discretamente "gente nova".

O dirigente habituado com as visões do médium mineiro, grande parte das vezes antecipadas no tempo, achou por bem não questionar. O mais óbvio poderia ser uma gravidez de Kelly, por ser o casal ainda muito jovem. Falando rapidamente com os dois amigos, estes concordaram, porque, passada a fase do luto e das dificuldades a serem enfrentadas quanto à situação financeira, planejariam uma nova gravidez, e mesmo a adoção de uma criança não estava fora de seus planos.

Na dimensão espiritual, Richard, Saulo e Camillo acompanharam Deolinda e, como esta se apresentasse em personalidade infantil de sua última existência, auxiliaram-na na mensagem ditada, dando uma conotação mais madura à comunicação. Literalmente, era um Espírito servindo de intermediário de outro.

Deolinda encontrava-se ainda confusa e abatida, em virtude do longo período obsessivo que passara, necessitando ser mantida em tratamento fluidoterápico intenso, na instituição sob a direção do Doutor Francis.

Saulo e Camillo, por se tratarem de técnicos especializados, foram incumbidos pelo experiente diretor, a acompanhar o processo dos envolvidos na trama obsessiva, até que todos se encontrassem reencarnados.

O contato com os pais, por intermédio do missionário de Uberaba, não visava apenas ao consolo do casal, mas, principalmente, à manutenção energética, entre a desencarnada e seus pais, fazendo parte de seu tratamento a transferência de fluidos específicos do perispírito de Kelly, por meio do amor maternal desta para Deolinda, que, em breve tempo, estaria preparando seu retorno ao planeta.

Foi exatamente esse ponto captado pelo Chico, quando de suas despedidas ao trio que o visitara. Tendo o médium uma capacidade sensitiva extremamente elevada, era relativamente fácil para a sua mente adentrar informações relevantes, apesar da simplicidade com que eram expostas, objetivando sempre o consolo e o aumento de confiança na Misericórdia Divina de Seus interlocutores.

Encerrada a rápida reunião na residência do iluminado medianeiro, Richard, que sabia ser identificado pela clarividência de Chico, agradeceu:

— Amado irmão, guarde em seu coração os meus sinceros agradecimentos pela intermediação feliz para o jovem casal, que a sua bondade recebeu na tarde de hoje. Nosso serviço em relação ao reencarne dos envolvidos em drama tão delicado apenas começa. As palavras transmitidas pelas suas generosas mãos muito nos auxiliaram na manutenção do equilíbrio emocional de nossa irmãzinha. Deus o abençoe!

Como era de se esperar, o médium sempre humilde e gentil retribuiu o agradecimento, de maneira respeitável e simples, como foi toda a sua vida:

— Sou apenas um servo, aliás, dos mais simples na Seara de Jesus. Fico extremamente feliz em poder ter sido ferramenta útil, apesar de todas as minhas deficiências e limitações. Agradeço sensibilizado a oportunidade que os abençoados irmãos me ofertaram em intermediar a causa do bem.

Saulo, que já havia mantido contato em outras oportunidades com Chico, sorrindo, falou para Richard e Camillo:

— Esse nosso Chico não tem jeito mesmo... sempre fazendo a maior parte do trabalho e atribuindo a nós o resultado do sucesso. Grande alma, esse nosso irmão.

Camillo, mais espirituoso, concordou e complementou:

— São esses Espíritos que fazem a diferença na evolução planetária. Particularmente, como tenho grande afinidade com a história de missionários pelo mundo, lembrei-me de Mohandas Karamchand Gandhi (1869-1948) e como passaria a ser reconhecido, merecidamente: "Mahatma Gandhi" ou "Grande Alma". Temos aqui, sem sombra de dúvida, apesar do próprio não admitir e não aceitar nunca tal classificação o nosso Mahatma: o "Mahatma Chico".

Todos sorriram concordando e rumaram em direção ao hospital, tendo Richard à frente, levando Deolinda em seus braços.

CAPÍTULO 19

NOVAS
RESPONSABILIDADES

A "Caravana do Natal" ainda visitou Sacramento no domingo pela manhã, para o Culto do Evangelho, realizado no centro espírita sob a direção de D. Heigorina Cunha e, de lá, puseram-se a caminho de volta para o sul do país, em sua jornada de quase 24 horas. Contudo, a semana que se iniciava traria notícias inesperadas.

Gustavo, como dirigente da instituição, recebeu diretores de um orfanato, mantido também por uma instituição espírita, que se encontrava em franca dificuldade financeira.

Temiam pela continuidade das atividades com cerca de 40 crianças e necessitavam do apoio de organizações mais sólidas. Os recursos recebidos, incluindo os oficiais, advindos das autoridades, não estavam fazendo frente às despesas que cresciam vertiginosamente. A inflação acumulada naquele ano de 1970 poderia chegar a quase 20%, constituindo-se um dos problemas mais sérios diante do enxuto orçamento.

Gustavo, um homem sempre ponderado e possuidor de um coração caridoso, ouviu o apelo dos amigos de Doutrina e comprometeu-se a auxiliar. Consultou os demais responsáveis pela instituição que dirigia e recebeu pleno apoio em sua decisão. No dia seguinte ao apelo, os diretores do orfanato tiveram a resposta positiva, e reuniões foram marcadas para que as atividades não sofressem prejuízo de continuidade.

Todos os participantes do centro sob a direção de Gustavo teriam maior dose de sacrifício nos primeiros meses, não só com o aumento das atividades em si como também apelando para aqueles que pudessem elevar suas doações.

A juventude organizada do centro resolveu sair a campo buscando doações para o bazar e recursos, com o material para confecção de roupas de lã, com o intuito de enfrentar o inverno que estaria se aproximando em breve, sempre rigoroso naquela região do país.

Apesar da cidade como um todo não possuir um orçamento significativo, boa parte de seus moradores buscaram auxiliar, dentro de suas possibilidades, não se importando com designação religiosa e, sim, com o atendimento às necessidades das crianças. Tratava-se de um verdadeiro mutirão de solidariedade.

Enquanto isso, Gustavo, sempre atento às potencialidades dos colaboradores, via em Jonathan a possibilidade de designar-lhe tarefas mais especializadas. Notava a simplicidade do rapaz, em assumir a posição de auxiliar de porteiro do centro, mas sabia bem que ali estava um tesouro enterrado e que poderia auxiliá-lo na administração do orfanato.

Resolveu chamar o jovem para uma conversa:

— Jonathan, meu amigo. Tenho observado seu empenho e também o de sua esposa nas atividades que abraçaram em nossa casa.

— O senhor sabe que somos, eu e Kelly, simples servidores...

— Na Seara de Jesus, somos todos simples servidores, mas também ferramentas que o Divino Mestre não dispensa, apesar de nossas limitações. Bem, mas não vou tomar muito o seu tempo, não comigo evidentemente —completou Gustavo sorrindo.

— Não entendi o que o senhor quis dizer...

— Gostaria muito que você e sua jovem esposa pudessem nos auxiliar nas tarefas do orfanato. Sei que você é um contabilista e, sendo assim, poderia trabalhar no gerenciamento de nossas contas e demais detalhes dentro dessa área, enquanto que nossa querida Kelly nos auxiliaria diretamente no trato com as crianças. O que me diz?

— De minha parte, fico honrado com a oportunidade em servir. Falarei com a minha esposa, mas tenho certeza de que ela não irá declinar o maravilhoso convite.

— Todavia, como fica minha atividade atual?

— Não se preocupe. Estamos preparados com voluntários que podem substituí-lo, a partir de amanhã.

— O senhor pensa em tudo — sorriu Jonathan.

— Digamos que os mentores espirituais pensam antes e, por vezes, chegam a nos dar os nomes daqueles que poderão abraçar as novas tarefas. Em nome deles e do meu também, agradeço por aceitar nosso convite.

— Sou eu quem agradece, senhor Gustavo. Pode acreditar, sinceramente...

— Acredito, meu filho, tenha certeza disso...

Não era simplesmente Gustavo que confiava no potencial do jovem casal. Richard, Saulo e Camillo, que haviam inspirado os nomes ao dirigente da instituição, tinham plena confiança nos valores dos pais de Deolinda. O futuro começava a se desenhar gradativamente.

CAPÍTULO 20

REVISANDO
COMPROMISSOS

Jonathan, no caminho para casa, depois das atividades no centro, comentou a respeito do convite que recebera, relatando alguns detalhes, nos quais a esposa seria também incluída e sua disponibilidade em abraçar as novas tarefas.

Kelly, ouvindo as colocações empolgadas do marido, estimulou-o ainda mais e disse que aceitaria também a oferta que Gustavo fizera. Daria sua resposta positiva no dia seguinte.

Quando chegaram a casa, prepararam uma refeição leve e continuaram a falar sobre os serviços que teriam início no orfanato.

— Veja você, Kelly. Para quem tinha perdido uma filha, agora teremos a possibilidade de tomar conta de 40 crianças. A vida é mesmo cheia de surpresas, não?

— Pois é, meu querido. Lembro-me do momento em que nos despedimos do Chico, quando da visita à sua casa. Ele nos disse que nos aguardaria e, quem sabe, com "gente nova". Será que o médium via as questões relativas ao orfanato?

— Muito provavelmente. Os voluntários mais antigos do centro e que conhecem o Chico há mais tempo afirmam que, quando ele fala alguma coisa, pode contar que está vendo algum desdobramento no futuro. Vai saber, não é?

— Sim, querido, quem poderá avaliar os potenciais daquele Espírito que ali está. Não vi apenas um médium, mas, sim, uma entidade de grande evolução à minha frente. Tive a impressão de que os seus olhos enxergavam não somente meu passado como também os resultados de minhas ações no futuro. Confesso que fiquei muito impressionada.

— É fato. Bom, vamos nos deitar, porque amanhã é um novo dia.

O casal se recolheu e, feita a prece, ambos adormeceram.

Kelly, possuindo maior capacidade de desprendimento, foi a primeira a se desdobrar, seguida por Jonathan, que encontrava certa dificuldade em registrar o que se passava.

Estavam presentes, Richard, Saulo e Camillo, acompanhados pelo Doutor Francis, que envolveram o casal num abraço afetuoso. Jonathan precisou receber energias em seu coronário e frontal, para ter a consciência desperta de onde e com quem se encontrava.

Foi o Doutor Francis que tomou a palavra:

— Meus queridos filhos, estamos mais uma vez reunidos para o interesse de todos, na evolução para Jesus. A tarefa que ambos estão assumindo no momento é de importância vital, não unicamente para as realizações do presente, mas com vistas para o futuro, não somente de vocês, mas do grupo que, um dia, esteve reunido debaixo dos mesmos interesses. Todos, de uma maneira geral, já caminham um longo tempo juntos. No entanto, Richard, que hoje é o mentor de nossa Deolinda, de quem já foi o genitor em existência remota, teve vocês, Jonathan e Kelly, como filhos do coração na mesma época, por conta de sua bondade. Adotou-os não diretamente, mas fez-se seu tutor no período que Deolinda se apresentava na personalidade transviada de Emily. Como a liberdade de escolha é imperativa na vida de cada um e a Justiça Divina em sua maior demonstração, vocês escolheram a boa parte, apesar de alguns envolvimentos nas tramas de Emily, em casos de menor monta. Naquele século de Henrique VIII, vocês aproveitaram a assistência de Richard e procuraram o exercício do bem, dentro de suas possibilidades, assumindo suas responsabilidades. No entanto, a gratidão se estendeu em amizade sincera e pura, unindo os corações para sempre. Richard sabia das dificuldades de Emily, com Donald, James e Carly e solicitou o amparo e o amor de seus corações para a árdua tarefa, a qual não foi recusada. Conforme sabemos, aqueles que amam nada devem aos outros. Simplesmente fazem o bem e assumem seu dever porque entenderam, definitivamente, que ninguém pode ser feliz sozinho e que todos necessitam se direcionar para o amor, verdadeiro alimento de nossos Espíritos. Estamos nesses instantes de esclarecimento, novamente solicitando o esforço de seus corações amorosos, como pais. James e Carly iniciarão seus respectivos processos reencarnatórios nos próximos dias e, em suas programações, serão crianças que estarão sob sua guarda no orfanato, onde, infelizmente, serão abandonadas.

E prosseguiu:

— O mesmo irá ocorrer com Deolinda e Donald, sendo que, neste caso particular, a resistência que faz o obsessor em não perdoar aquela que, em um período recente, foi a filha querida de vocês oferecerá maiores dificuldades para ele próprio, porque os danos causados em seu cérebro perispirítico são imensos, pela manutenção prolongada do ódio, que irá comprometer sua capacidade na organização fisiológica. Donald será um autista em grau profundo, lutando interiormente para não aceitar a reencarnação, principalmente ao lado de seu desafeto, cabendo à Emily/Deolinda cuidar do irmãozinho, uma vez que serão gêmeos, em virtude até de suas ligações vibratórias mais intensas no terreno da dor. Se o amor liberta, como bem sabemos, o ódio nos escraviza. Mas, ao mesmo tempo, permite que aquele que está mais equilibrado exerça o papel de enfermeiro da mesma criatura que, um dia, prejudicou. Naturalmente, Jonathan e Kelly, a programação espiritual aceita por vocês e revisada nestes instantes contemplava grande parte dos acontecimentos, os mais importantes evidentemente, porque o livre-arbítrio não poderá nunca ser descartado. Por conta desta mesma liberdade, decidimos, Richard e eu, voltar a perguntar sobre a manutenção de seus compromissos ao lado desses nossos irmãos, dada a seriedade das dificuldades a serem enfrentadas: vocês estão dispostos a continuar dentro da experiência?

Foi Kelly quem tomou a frente, dizendo:

— Estamos, nobre anjo de Deus.

Jonathan também concordou de imediato, agradecendo, emocionado, a oportunidade do exercício no amor fraterno.

— Vale lembrar que não somos anjos de Deus, mas, sim, irmãos agradecidos, pelo empenho e boa vontade de ambos. Saibam que estaremos juntos nessa empreitada e que o amor de Deus e de Nosso Mestre e Senhor estarão nos amparando em todos os instantes. Tenhamos fé!

CAPÍTULO 21

REVANCHE E
HARMONIA

Os mentores amigos despediram-se, envolvendo os jovens em vibrações de muita paz e discernimento.

Quando despertaram, conversaram entre si a respeito de um sonho real, que ambos registraram apenas pequena parte. Sentiram-se transportados para outro ambiente, onde se encontraram com elevadas entidades, que inspiravam pensamentos de confiança e responsabilidade diante de compromissos assumidos na espiritualidade, principalmente com crianças.

A princípio, fizeram imediata ligação com o trabalho no orfanato, sem direcionamento efetivo com Deolinda e seus antagonistas do passado.

O fato das lembranças serem limitadas obedece aos impedimentos naturais ocasionados pelo cérebro físico, órgão responsável pelo cerceamento de grande parte das recordações, para que o repouso ocorra e restabeleça todas as funções da organização fisiológica, como também os bloqueios dessas mesmas recordações são necessários e benéficos, para que o indivíduo não tenha que administrar sua continuidade da existência no plano espiritual, criando desequilíbrios, que fatalmente comprometeriam sua reencarnação. Seria algo como administrar uma vida no estado de vigília e a continuidade, quando desdobrado de seu veículo físico. Entretanto, as informações e compromissos ficam registrados no inconsciente profundo, emergindo quando forem necessárias, como intuições, aliadas ainda às inspirações recebidas de amigos espirituais que nos assistem e velam por todos nós.

A confiança de Jonathan e Kelly aumentara sobremaneira, fazendo com que ambos se dirigissem aos seus afazeres do dia, felizes e absortos em bons pensamentos.

Enquanto isso, na dimensão espiritual, o Doutor Francis convocava o mentor de Deolinda, para que visitasse Donald, que se achava internado no hospital, tendo agora consciência de sua situação.

Em ambiente isolado, separado por um material translúcido, porém, altamente resistente, encontrava-se o obsessor de Deolinda, demonstrando forte grau de agressividade e contrariedade. O Doutor Francis tomou a frente, sendo seguido por Richard. Donald, quando viu a figura do protetor de seu desafeto, imediatamente reagiu:

— O que faz aqui essa criatura desprezível? E os seus outros dois amiguinhos, onde estão? Gostaria de poder colocar minhas mãos sobre vocês...

— Donald, inicialmente desejo saber como você está passando? — questionou o facultativo.

— Como você acha que alguém que teve a sua liberdade suprimida pode estar se sentindo? Pergunta idiota...

— Não há necessidade de utilizarmos palavras ofensivas em nosso diálogo. As pessoas as quais você se refere são abnegados companheiros, como Richard que aqui está, cuja intenção é pura e simplesmente buscar o seu bem, interferindo para que seus compromissos não sejam avultados desnecessariamente. A internação pela qual você passa está trabalhando a seu favor.

— Não estou enfermo para ser internado. Tenho lucidez e sei bem o que eu quero. Conheço meus objetivos, e vocês impedem a sua realização. Quero saber com que direito?

— Com o direito que nos é dado pelo amor e respeito que temos por você, como irmãos mais experientes.

— Respeito? Trancafiando-me?

— Perceba, Donald, que estamos somente iso-
lando você de seu próprio ódio destruidor, que
vem gradativamente minando suas potencialidades interiores, criando um monoideísmo cruel, fazendo com que perca um tempo precioso em sua
evolução. Seus objetivos são apenas voltados para
a vingança...

— Vingança, não! Justiça, quero fazer justiça...

— Engana-se, meu irmão. A justiça está presente nas Leis de Deus. Nossa visão é estreita demais
para nos arvorarmos em promotores ou juízes. Estamos apenas iniciando nossa jornada evolutiva e
quem estava devidamente apto a agir com justiça,
por conhecimento de causa, utilizou de suprema
misericórdia quando esteve entre nós.

— De quem você está falando? — reagiu o obsessor.

— De Jesus, Donald. Estou falando de Jesus,
que tinha capacidade evolutiva integral para julgar
quem quer que seja. No entanto, usou de misericórdia para conosco, até mesmo quando tirávamos
a Sua vida física, porque, em se referindo à nossa

acanhada evolução, garantiu que *"não sabíamos o que estávamos fazendo"*.

— E você, meu caro amigo, sabe o que está fazendo de sua vida?

— Claro que sei. Tenho uma missão e não vou desistir dela. Fazer aquela maldita sofrer por tudo o que me fez.

— E quanto ao seu sofrimento por viver em agonia por causa dessa perseguição? Você não acha que está na hora de olhar um pouco para a dor que você se impõe? Sua ilusória missão o está levando à demência, enquanto o exercício do perdão lhe colocaria em contato com aqueles que o amam e querem somente o seu bem. Lembremo-nos de Jesus, Donald, em Seu ensinamento sobre reconciliação, registrado por Mateus, 5:25: *"Reconcilia-te o mais depressa possível com o vosso adversário, enquanto todos estais a caminho, para que ele não vos entregue ao juiz, o juiz não vos entregue ao ministro da justiça e não sejais metidos em prisão. Digo-vos, em verdade, que daí não saireis, enquanto não houver pago o último ceitil"*.

— Perdoar? O perdão é para os fracos e covardes.

— Pela ausência do perdão, tem ideia do tempo que é decorrido, entre os acontecimentos na corte de Henrique VIII até os dias atuais?

— Pouco, não faz muito tempo que aquela víbora peçonhenta me envenenou...

— Cinco séculos, Donald, 500 anos... Você acha pouco?

O desafeto de Deolinda teve um choque. Ficou momentaneamente desnorteado. Tentou balbuciar algumas palavras, porém, faltaram-lhe forças para o intento. Foi quando o Doutor Francis retornou ao diálogo:

— É tempo suficiente? Quanto tempo mais de sofrimento e de dor você irá impor a si próprio? Mais cinco ou dez séculos?

— Não sei... Não consigo raciocinar direito... Saiam daqui... Deixem-me em paz...

— Deixaremos você na Paz de Jesus. Deus o abençoe, Donald!

O Doutor Francis fez sinal para Richard se retirar do ambiente e acionou um enfermeiro, orientando-o que aplicasse a assistência fluidoterápica na sequência.

Enquanto caminhavam pelo corredor, em direção à sala do diretor da instituição, Richard perguntou:

— Quais serão os próximos passos, Doutor?

— Bem, Donald despertou de sua fixação. No entanto, apenas isso não basta, porque, uma vez desperto, existe todo um trabalho a ser feito no campo da harmonização entre ele e Deolinda. Sabemos antecipadamente dos cometimentos que serão levados a efeito em sua próxima reencarnação. Porém, o choque que recebeu irá diminuir, em parte, não muito evidentemente, a aceitação vibratória em estar junto de Deolinda. Caso contrário, a reencarnação conjunta seria medida impraticável. A presente ação é técnica de quebrar resistências, mas, como é do nosso conhecimento, ninguém muda de uma hora para outra. O trabalho está apenas em seu início. Aguardemos confiantes na Divina Providência.

CAPÍTULO 22

PROGRAMA
REENCARNATÓRIO

Transcorrida uma semana do evento sucedido com Donald, Doutor Francis reuniu Richard, Saulo e Camillo para alinharem os próximos passos em relação aos envolvidos no caso Deolinda. Recebendo-os em sua sala de trabalho, assim se expressou:

— Amigos, agradeço a todos pela presença. Vou procurar ser o mais sintético possível quanto às orientações recebidas de esfera superior, em relação às providências para o reencarne dos nossos irmãos, que se encontram sob a responsabilidade desta instituição. Prepararemos o retorno inicialmente de James e Carly, nas próximas semanas. Cumprido o prazo regular da gravidez, renascerão em situações distintas, por intermédio de irmãs pouco habilitadas à responsabilidade maternal, sendo imediatamente encaminhados para o orfanato, onde serão acolhidos pela bondade de nossos irmãos Gustavo, Jonathan, Kelly e demais voluntários. Dentro do possível entendimento, dado que o nível consciencial de James e Carly sofre certo constrangimento, por razões óbvias do pouco ou, por que não dizer, nenhum cultivo de atitudes espiritualizantes, procuramos infundir-lhes confiança e sustentação, para os desafios que estarão vivenciando.

— Doutor, por gentileza, gostaria de fazer uma pergunta — manifestou-se Camillo.

— Com certeza! Faça-a.

— Parece-nos que esses nossos irmãos têm pouca ou nenhuma participação nas decisões quanto ao desenrolar de suas provas, não?

— Você está corretíssimo. Os técnicos da esfera responsável pelos processos reencarnatórios, evidentemente, analisam cada caso e submetem aos responsáveis competentes o plano mais adequado para aqueles que ainda não podem decidir por si próprios ou nem sequer participar da montagem dos seus programas, por total falta de entendimento ou inconsciência mesmo. São tratativas respeitáveis e caridosas por parte das elevadas entidades, que buscam cuidar desses Espíritos, como verdadeiros filhos do coração, sabendo que necessitam ser acompanhados como crianças espirituais, até que, um dia, amadurecidos no entendimento, possam fazer suas próprias escolhas. Não foi assim conosco, Camillo?

— Sem dúvida, Doutor.

— Muito bem. Continuando com as diretrizes recebidas, Deolinda reencarnará como irmã gêmea de Donald e também enfrentará sérias dificuldades quanto às questões relacionadas à rejeição. Donald apresentará os aspectos relacionados ao transtorno do autismo. Sendo ambos encaminhados para imediata adoção.

— Esperemos que Jonathan e Kelly continuem firmes na aceitação das quatro crianças, não, Doutor? — foi a vez de Richard se manifestar.

— Para isso, conforme nosso compromisso para com eles, procuremos inspirá-los nos aspectos relacionados à caridade e à resignação diante dos grandes desafios que os aguardam. Por melhor que a situação se mostre, o casal terá que administrar um dos fatores mais relevantes nas quatro crianças: a rejeição que sofrerão pelas pessoas envolvidas em seus respectivos reencarnes. Como todos nós – não generalizando esta minha observação — somos Espíritos em aprendizado, a rejeição costuma deixar marcas traumáticas consideráveis em nossa psique, tornando-se para os pais adotivos um trabalho que exige muito esforço e paciência, para que o quadro possa ser alterado.

— Quando serão iniciados os procedimentos de reencarne de Deolinda e Donald, Doutor? — Saulo perguntou.

— Dentro de um ano, no máximo, teremos praticamente os quatro companheiros chegando ao orfanato, com pouquíssima defasagem de tempo. Se tudo correr dentro dos planos previamente estabelecidos, os gêmeos serão quase dois anos mais novos do que James e Carly.

— Doutor, Jonathan e Kelly terão muito trabalho pela frente, com quatro crianças ao mesmo tempo — ressaltou Richard.

— É fato. Contudo, não nos esqueçamos: no coração que ama, reina soberanamente a Bondade de Deus e onde entra Deus os recursos nunca faltam.

Todos concordaram e, como ninguém tinha dúvida quanto às responsabilidades que os aguardavam, resolveram encerrar a reunião com uma prece, pedindo ao Senhor da Vida e a Jesus sustentação para todos os envolvidos, na importante missão de resgate pelo perdão, por meio da convivência em família.

CAPÍTULO 23

MUITO PARA APRENDER

O mês de dezembro de 1971 estava em seus primeiros dias, e o centro dirigido por Gustavo preparava a tradicional "Caravana de Natal" para as visitas a Uberaba e região. Jonathan e Kelly estavam empolgadíssimos com a oportunidade de rever o grande amigo "Chico", cujo primeiro contato havia estimulado sobremaneira o trabalho voluntário que ambos exerciam na casa espírita, principalmente no orfanato.

O casal preparava suas malas naquela noite de quarta-feira, 8 de dezembro, pois a partida dos dois ônibus fretados rumo ao Triângulo Mineiro seria por volta das sete horas da manhã do dia seguinte. Foi quando o telefone tocou. Kelly atendeu à ligação e quem se identificou do outro lado da linha foi uma voluntária do orfanato, solicitando a presença dos amigos em caráter emergencial, informando que duas crianças haviam sido deixadas na porta em condições precárias de saúde.

Atenderam imediatamente ao chamado, saindo em direção à instituição. O trajeto que separava o orfanato da residência do casal era curto. Em questão de poucos minutos estavam adentrando ao local.

Foram direto para a sala de recepção, a tempo de encontrarem duas voluntárias providenciando o primeiro atendimento às crianças. Tratava-se de um casal recém-nascido. Ambos se encontravam envolvidos em sacos de farinha. Estavam imundos, magérrimos e cobertos de feridas. Choravam pelo desconforto e fome, materializando a falta de respeito pelo ser humano, por parte daqueles que haviam literalmente abandonado as crianças naquele estado.

Kelly rapidamente buscou a agenda para chamar o pediatra responsável pelo atendimento às crianças do orfanato. Feito o chamado, perguntou para uma das plantonistas:

— Hermínia, o que ocorreu?

— Estávamos colocando as últimas crianças para dormir, quando ouvimos o choro de bebês na porta dos fundos. Acorremos ao local e topamos com as crianças neste estado lamentável. Um verdadeiro absurdo, Kelly. Como você pode notar, não são irmãos. No entanto, a diferença entre ambos é de poucos dias. Deu-me a impressão de que nasceram com o trabalho de alguma parteira, que se encarregou do serviço de descarte. Desculpe a dureza de minhas palavras, mas é exatamente isso que parece.

— Entendo, Hermínia, é realmente lamentável. Irmãos que agem assim terão muito que aprender...

O pediatra chegou logo em seguida e, em rápido exame, constatou o estado de profunda desnutrição das crianças, recomendando a transferência imediata para a Santa Casa da cidade.

Enquanto providenciavam a higiene dos recém-natos e algumas roupinhas, Kelly questionou o marido:

— Querido, talvez devêssemos cancelar nossa ida para Uberaba, infelizmente. O que você acha?

— Com certeza! É uma pena realmente, mas, com menos voluntários nos próximos dias, creio ser a melhor decisão. Vou telefonar para Gustavo explicando o sucedido.

Naturalmente, o dirigente da instituição lamentou o cancelamento por parte do casal amigo, porém, profundamente agradecido pela dedicação que ambos demonstravam, colocou-se à inteira disposição. Caso fosse necessário, ele também cancelaria sua participação no evento. Jonathan, no entanto, informou-lhe que estariam bem e administrariam a situação toda. Caso precisasse de algo, sabiam a quem recorrer e que Gustavo seria informado dos procedimentos com as crianças. Que ele viajasse tranquilo e fosse o portador do abraço deles para o querido Chico.

Na dimensão espiritual, cuidados eram levados a efeito pelos mentores encarregados do reencarne de James e Carly, tendo à frente, Richard, Saulo e Camillo, que se desdobravam para manter o equilíbrio energético das duas crianças. O pouco cuidado que haviam recebido poderia comprometer a reencarnação de um deles ou de ambos.

CAPÍTULO 24

JAIME E CAROLINA

A internação dos bebês foi de aproximadamente dez dias, até que estivessem mais recuperados e retornassem ao orfanato. Kelly e Jonathan foram extremamente diligentes, fazendo um revezamento no acompanhamento das crianças praticamente em tempo integral.

Nesse período, Gustavo e a equipe do centro já haviam retornado da viagem, dando continuidade às suas atividades, contando alegremente sobre os trabalhos realizados nas cidades mineiras visitadas.

O dirigente da instituição foi quem falou com o casal sobre a visita ao Chico:

— Para variar, como vocês sabem, fomos à casa do querido amigo para a tradicional conversa, saboreando o chá que ele próprio nos serviu. Falou animado a respeito dos novos livros que estão em andamento e quis saber não só do movimento aqui em nossa região como também das atividades do orfanato, perguntando como vocês estavam se saindo diante desse novo trabalho. Conversamos durante horas, e ele se mostrou muito feliz com os nossos humildes esforços. Mandou lembranças e pediu que deixássemos o endereço de vocês, para que ele enviasse as suas "famosas caixinhas de mensagens" e, se possível, trocar alguma correspondência.

— Que beleza, Gustavo! Ele realmente é especial...

— Especial foi o presente que ele mandou para vocês. Veja, aqui está!

Gustavo entregou um livro autografado pelo médium. Em seguida, informou:

— Trata-se do centésimo décimo livro lançado pela psicografia do nosso Chico. Esse é de autoria de seu mentor, Emmanuel, e até o título é sugestivo.

— Estou vendo, Gustavo. Veja, Kelly: "Rumo certo" é o título. Como sabemos não existir coincidências no Universo, parece que a Espiritualidade está nos dizendo que estamos no rumo certo, não?

— Vocês sabem que o médium nunca deixa um ponto sem nó. Mas, fora esse trabalho, somente neste ano de 1971, o Chico lançou mais sete livros, incluindo o "Pinga Fogo", suas entrevistas no programa da Rede Tupi. Trata-se de um trabalho incansável, porque foram nove livros no total, no ano que está se encerrando.

— Impressionante, Gustavo. É de fato um missionário, não?

— Sem dúvida nenhuma, um dos grandes...

— Bem, falando em rumo, Kelly e eu conversamos a respeito dos nossos próprios, em relação a filhos, família e assim por diante. Como regularizamos nossa situação emocional, graças a Deus e ao trabalho que estamos desenvolvendo no centro e no orfanato, e também nossa situação financeira, pensamos seriamente em adotarmos os bebês que chegaram recentemente. O que você acha?

— Simplesmente fantástico, Jonathan! Não poderia ter sido uma decisão melhor. Vamos tratar do processo junto às autoridades competentes e vibrarmos para que as aprovações ocorram no menor tempo possível.

— Nosso pediatra disse que a saúde deles não terá comprometimentos maiores, apesar da negligência como foram inicialmente tratados. Teremos crianças fortes e saudáveis.

— Agora me digam, papai e mamãe: vocês já anteciparam os nomes?

Kelly, feliz, respondeu:

— Mas é claro que sim. Eu escolhi o nome da menina, que será Carolina, e Jonathan, o do menino: Jaime.

— Maravilhosas escolhas, parabéns!!!

Richard, Saulo e Camillo, que acompanhavam o desenrolar das cenas, vibravam de emoção pela decisão do casal em manter-se firme em seus propósitos reencarnatórios e, compartilhando da felicidade de todos, elevaram seus pensamentos, em uma prece de gratidão a Deus.

CAPÍTULO 25

COMPROMISSOS

O desenrolar do processo adotivo, com a documentação e as entrevistas necessárias, deu-se dentro de um tempo relativamente curto.

Durante esse período, Jonathan recebeu uma agradável notícia na empresa onde trabalhava. O responsável pela filial da companhia em sua cidade havia requisitado sua aposentadoria e indicado o jovem contabilista para assumir a posição de gerente.

A diretoria da empresa, cuja sede ficava na capital do Estado, vendo o desempenho notável do rapaz e, com recomendação tão consistente, decidiu promovê-lo.

Jonathan recebeu o comunicado e, eufórico, ligou para Kelly, para colocá-la a par das novidades. Assim que a esposa atendeu o telefone, o jovem foi direto ao assunto:

— Querida, tenho uma notícia muito feliz para lhe dar...

— Não diga! O que aconteceu?

— Lembra-se de que lhe falei da aposentadoria do meu gerente?

— Sim...

— Sabe quem foi promovido para gerenciar a filial em nossa cidade?

— Você deve estar brincando? Foi você?

— Sim, fui eu!!! Estou muito feliz...

— Parabéns, meu querido! Você sempre fez por merecer. Somos abençoados, não? Além das crianças, mais esta bênção na hora certa, porque as nossas despesas aumentaram significativamente.

— Sim, sem dúvida. Conversando com o Gustavo a esse respeito, relatando meus receios em relação às novas despesas, ele me acalmou dizendo que todas as vezes que escolhemos o caminho do amor e do bem, os recursos surgem da maneira mais inusitada, claro que obedecendo nosso esforço pessoal. O Universo, de fato, conspira a favor do bem, não é?

— Com toda a certeza, Jonathan. Sempre acreditei que Deus nos ajuda pelos meios mais inesperados. Quando temos fé em Sua Bondade, o auxílio aparece. Agora me diga, você sabe quais serão os desdobramentos em sua nova função?

— Conheço bem a rotina da filial e não creio que enfrentarei maiores dificuldades e mudanças. Terei apenas que me ausentar do escritório para uma reunião semanal em Porto Alegre, com o diretor de vendas. Mas é possível que eu faça o percurso de ônibus, indo pela manhã e retornando à noite. Muito bem, minha senhora e esposa do novo gerente, preciso voltar ao batente. As crianças estão bem?

— Tudo bem, meu amor. Cuide-se e parabéns!

— Beijos, Kelly.

Entrementes, na dimensão paralela, Richard fora chamado pelo Doutor Francis para uma reunião emergencial.

Atendendo prestimosamente, apresentou-se na sala do diretor do hospital, acompanhado de seus colegas.

— Doutor, bom dia! Pedi a Saulo e Camillo que me acompanhassem. Está bem para o senhor?

— Óbvio que sim. Pretendia chamá-los também.

— Aconteceu algo fora do planejado, Doutor?

— Ainda não. É exatamente por isso que pedi que os chamassem. Recebi hoje pela manhã uma solicitação de assistência imediata dos amigos espirituais que estão encarregados do reencarne de Deolinda e Donald. Tudo estava correndo relativamente bem dentro da programação até a interferência direta do pai da jovem, que está nos seus primeiros momentos de gravidez. Sabíamos que as crianças iriam para a adoção. No entanto, o aludido senhor, avesso às vibrações, principalmente de Donald, que apesar de seu grau de inconsciência, ainda mantém certas estruturas odientas contra o seu desafeto, começou a pressionar a filha, futura mãe das crianças, a recorrer ao aborto. O pai da moça, além das vibrações contrárias ao reencarnante, apesar de não manter relação direta com ele, possui noções extremamente conservadoras quanto à maternidade fora do casamento. O distinto senhor é Coronel do Exército e, no seu conservadorismo, quando soube que o namorado não quis assumir a paternidade, pensou em tomar atitudes violentas em relação ao jovem. Sendo o rapaz filho do prefeito na localidade em que os jovens nasceram e residem — diga-se de passagem —, a cidade é vizinha daquela onde se encontram Jonathan e Kelly – existe a possibilidade de iniciarem um verdadeiro confronto armado entre as famílias, com prejuízo total para todos os envolvidos. O pai insiste no aborto, ameaçando a filha com a expulsão do lar ou, em última hipótese, o rapaz se casa e assume as responsabilidades que lhe são inerentes. Ocorre que o garoto é filho único e um *"bon vivant"*, cujas atitudes inconsequentes tem o beneplácito dos pais.

— Então, uma "guerra" está se armando, não, Doutor? — questionou Richard.

— Livre-arbítrio, meu caro, livre-arbítrio... Uns se comprometem com o bem; outros, crendo que são superiores, enganam-se... — respondeu o Doutor Francis, continuando sua exposição. Recebi todos os reportes dos especialistas pela reencarnação dos gêmeos, para que possamos diligenciar uma intercessão, visando alterar os quadros que se desenham. Foram-me entregues mapas dos familiares, localização e todo o material necessário para o serviço. Estará nos aguardando no local o senhor Tomaz, que foi o pai do Coronel, em sua última existência e, como se trata de um Espírito lúcido, foi solicitado pelos nossos mentores que ele preste assistência em nossas tarefas.

— Doutor, e em relação aos pais atuais de Donald e Deolinda? — perguntou Saulo.

— Estiveram envolvidos nos mesmos prazeres palacianos no período de Henrique VIII. Foram "amigos" de Deolinda, quando esta envergava a personalidade de Emily, obviamente.

— Na questão da responsabilidade, em cinco séculos...?

— Já sei aonde você quer chegar, Saulo. Apesar do longo percurso — 500 anos — eles melhoraram muito no quesito apontado por você, mas, infelizmente, não o suficiente. Em relação à jovem mãe, especialmente, as noções de responsabilidade são maiores. Já o rapaz, Espírito rebelde, terá uma longa caminhada pela frente. Deus queira que desperte logo!

— Mas a moça, Doutor, parece que está querendo fugir também dos compromissos — tornou Saulo.

— A pressão que recebe é imensa. Teme pela falta do apoio dos familiares, que poderá verdadeiramente ser negado. Como a sua postura diante do quadro carece de fortalecimento, por tratar-se de Espírito vacilante, começa mentalmente a ceder às imposições paternas.

— Que estratégia adotaremos, Doutor?

— Respondendo à sua pergunta, Richard, faremos uma visita esta noite, quando os nossos irmãos estiverem desdobrados pelo processo natural do sono e vamos empreender as tentativas para estimular as mudanças em suas posições. A tarefa promete desafios. Poderemos nos encontrar no saguão principal para a jornada às 23 horas.

Creio que, em uma hora, alcançaremos a residência da futura mãezinha.

CAPÍTULO 26

TERAPIA DE CHOQUE

No horário acordado, os amigos estavam a postos. O Doutor Francis convidou-os à prece ao mesmo tempo em que recomendou a redução da sutileza de seus perispíritos, para que a tarefa iniciada obtivesse melhor resultado. Com a sutileza com a qual se apresentavam, não seriam sequer registrados pelos donos da casa.

Feita a oração inicial, todos se concentraram e, com esforço adequado, alcançaram o intento. Suas vestimentas perispirituais encontravam-se mais materializadas.

Para iniciarem a jornada, foi solicitado um veículo para o transporte. O percurso não muito distante foi vencido rapidamente, sem incidentes dignos de nota.

Ao desembarcarem, diante da casa onde residia a futura mãe dos gêmeos, divisaram uma entidade mal-encarada, acompanhada de outras três, postando-se como guardas do local.

O médico seguia à frente e logo foi interpelado.

— O que vocês pretendem aqui? Não estão vendo que somos guardiães da quadra?

— Caro irmão, desculpe-me a curiosidade, mas de quem é a ordem ou autorização para que vocês fiquem guardando as moradias neste local?

— A ordem é minha. Sou o responsável e faço como bem entendo. Já expulsamos outros enxeridos daqui e vocês serão mais alguns deles, que vamos pôr para correr, se não disserem o que pretendem.

— Claro que diremos. Viemos, em serviço pelo amor de Jesus, visitar o Coronel e sua família.

— Visitar? Não seja hipócrita, seu inepto. Quem você pensa que é? Sou o dono deste pedaço. Vamos, desapareça...

— Não quero contestá-lo, mas os amigos que eu vejo aqui me dizem o contrário. Informam-me que você é apenas um oportunista de plantão.

— Que amigos, seu imbecil? Não vê que somente nós estamos aqui? Você é louco? Saia já ou vou estrangulá-lo...

A entidade investiu contra o Doutor Francis e este com um gesto simples e rápido, utilizando-se de sua destra, impôs certa quantidade de fluidos na direção dos olhos do infeliz companheiro que, imediatamente, gritou de dor:

— Estou cego, socorro, estou cego... Este maldito lançou algo nos meus olhos...

Os seus comparsas ficaram apavorados diante do quadro e agarraram o líder, conduzindo-o aos brados e tropeços, fugindo rapidamente do local.

Camillo foi o mais ligeiro na inquirição:

— Como o senhor fez isso? O que será dele?

— Calma, meu amigo. Somente impus certa quantidade de energias que, por um par de horas, deixará o nosso irmão completamente fora de ação. Ele irá recuperar a visão normalmente, ao mesmo tempo, que não se sentirá tão poderoso como antes, por conta de uma simples atitude de minha parte.

— Como assim, Doutor?

— Seus companheiros questionarão sua postura de mandatário, abrindo brechas em seus respectivos campos vibratórios, para que as entidades que trabalham nessa região possam encaminhá-los para outras paragens e esclarecê-los na medida do possível. O receio ou a dúvida nos predispõe a uma abertura mental importante. Sempre que tememos algo ou temos questionamentos a respeito daquilo que nos sucede, na grande maioria das vezes, nem sempre obviamente, porque existem aqueles que gostam de ignorar os sinais da vida, procuramos esclarecer-nos, não é assim?

— Sim, é...

— Então, esperemos que seja uma realidade para esses nossos irmãos. O estímulo foi dado; porém, a movimentação para a mudança parte do esforço de cada um. Nesse particular, Jesus, como o grande Mestre de nossas almas, nos ensinou em Mateus, 21:22: *"E tudo o que pedirdes na oração, crendo, o recebereis"*. Note, Camillo, que ele disse "crendo", significando ação de nossa parte. Não somente pedir, acomodando-se diante da solicitação, mas, acima de tudo, agir. Vamos entrar na residência do nosso irmão e ver o que nos espera, está bem?

— Sim, senhor, vamos...

Entraram sem dificuldades e foram recepcionados pelo pai do Coronel, cuja posição era a de um protetor familiar. Feliz, abraçou os recém-chegados.

— Doutor Francis, presumo?

— Sim, senhor Tomaz. É uma alegria estarmos aqui para servir. Acompanham-me o mentor de Deolinda, a futura reencarnante, e dois amigos nossos, especialmente designados para este caso.

— Sejam bem-vindos em nome do Cristo...

Após os cumprimentos, o Doutor Francis solicitou mais informações:

— Tomaz, o senhor pode nos adiantar mais alguns pontos sobre o que está ocorrendo?

— Temos tentado em vão, Doutor, fazer meu filho aceitar a gravidez de minha neta; entretanto, sua resistência é gigantesca. Quando sai do corpo, no desdobramento proporcionado pelo sono e consegue manter certa lucidez, vai direto para o quarto da jovem e continua ameaçando-a de variadas maneiras, aumentando a insegurança da moça diante da maternidade.

— Entendo...

— Tenho procurado conversar com ele. Entretanto, minha presença nem sequer é registrada. Minha nora reconhece-me e me ouve mais ponderadamente. Contudo, teme o marido e seu estilo violento. Buscando salvaguardar a menina, posiciona-se a favor de meu filho, na tentativa de frustrar ações mais agressivas por parte dele. No início de seu casamento, em várias oportunidades, meu filho faltou com o respeito à esposa, agredindo-a fisicamente. Como minha nora conhece-o bem, busca contemporizar. Enfim, as circunstâncias são delicadas.

Veremos o que podemos fazer. Talvez uma ação de choque seja necessária. Podemos entrar no quarto do casal?

— Imediatamente, Doutor.

Ao entrarem, o Coronel pairava desdobrado sobre o corpo, completamente anestesiado, enquanto a esposa encontrava-se fora do ambiente. Tomaz esclareceu:

— Minha nora está junto da filha, procurando consolá-la. Meu filho tem o hábito de alimentar-se com carne em excesso, mesmo no jantar, além da ingestão de alcoólicos com regularidade. Não bebe desbragadamente, mas a mistura é explosiva, tirando-lhe a liberdade de expressão na dimensão espiritual.

— Está certo, Tomaz. Vamos despertá-lo.

O médico, aproximando-se do Coronel, falou com inflexão na voz:

— Coronel, levante-se!

Ele saiu de seu entorpecimento em um sobressalto e sentou-se na beirada da cama. Seu corpo físico chegou a registrar a ordem recebida com um estremecimento. Mas, continuou em pesada apatia.

— Quem é o senhor e o que quer?

— Fui enviado por um familiar seu e venho, em nome de Jesus, pedir que o irmão me auxilie em momento muito difícil para todos nós.

Ao mesmo tempo em que falava com o Coronel, o facultativo aplicou-lhe energias em seus centros de força coronário e frontal, para que ele pudesse assinalar a presença dos demais companheiros.

— Em que posso auxiliar? Não me recordo de conhecê-lo. Quem enviou você?

— Fui eu, meu filho.

O Coronel, divisando a figura paterna, por quem tinha profundo respeito, caiu de joelhos, exclamando:

— O senhor morreu! Como posso estar reencontrando-o? É um fantasma ou um demônio que vem disfarçado aumentar a minha desdita?

Tomaz respondeu:

— Ninguém morre, meu filho. Somente passamos de uma esfera dimensional para outra. A vida continua e é exatamente por essa razão que venho pedir, em nome de Deus, que você conceda a oportunidade de seus netos virem a luz da existência terrestre.

— Não posso! Será um escândalo, uma vergonha, a desonra de nosso nome...

— Peço que você pondere, meu filho. As questões sociais não podem ser mais preponderantes que a vontade divina. Nada acontece por força do acaso. Não permitir que a vida continue em seu esplendor é querer se colocar como juiz nos interesses de Deus. Como podemos ter tamanha pretensão?

— Não sei, não consigo... Está acima de minhas forças...

— Você pode, porém, não quer... Tem a sua liberdade para escolher. Se não quer assumir a condição de avô e verdadeiro pai das crianças, na sua educação, não impeça o nascimento delas. Eu lhe imploro.

— Não adianta, não vou fazer, perdoe-me, mas não atenderei ao seu pedido...

O Doutor Francis aproximou-se e disse:

— Tomaz, vamos providenciar para utilizarmos os recursos ectoplásmicos da esposa, que são abundantes, e dar-lhe uma medicação mais ostensiva.

O facultativo, solicitando a assistência de Richard e

dos demais companheiros, assimilou uma quantidade de ectoplasma da senhora que repousava profundamente e tanto ele como Tomaz se materializaram sutilmente. Nesse instante, o Doutor Francis enfatizou:

— Coronel, acorde!

Em um movimento brusco, o Espírito desdobrado integrou-se no corpo físico e saltou na cama. Abrindo os olhos esbugalhadamente, registrou a presença do médico e de seu pai, que lhe ordenou:

— Filho, procure sua irmã na capital, busque assistência para solucionar este impasse no qual você vive, mas não permita, de modo algum, que suas mãos se manchem com o sangue desses irmãos inocentes, que aguardam para renascer por intermédio de minha neta. Faça isso e você não se arrependerá!

Encerrando a frase, as duas figuras foram se esvanecendo, deixando o Coronel terrificado, diante do quadro vivo que acabara de presenciar.

CAPÍTULO 27

PREPARATIVOS

Na manhã seguinte, o Coronel, sob forte impressão pelo ocorrido durante a madrugada, telefonou para a irmã, que residia em Porto Alegre.

— Clarissa, tudo bem com você?

— Sim, e você como tem passado? Noêmia e Sílvia, estão bem?

— Todos mais ou menos bem...

— Aconteceu alguma coisa? Acidente, doença?...

— Pior! Estou vivenciando um problema com a sua sobrinha, que considero um dos mais graves para a nossa família.

— Como?

— Sílvia está grávida!

— Grávida?

— Sim. Envolveu-se com o filho do prefeito, e quando o irresponsável soube que ela engravidara desapareceu. Como tem a cobertura dos pais, que mimam o "moleque" sobremaneira, somente uma guerra entre as famílias vai fazer que ele assuma o que fez.

— Vamos devagar, mano. Sempre existe uma saída para evitar o confronto...

— Você não sabe o que me aconteceu na noite

passada. Sonhei com "o pai", e foi tão real que, ao despertar subitamente, continuei vendo-o. Ele me pedia que eu a procurasse...

— Que coincidência! Sonhei com ele também, não me lembro exatamente o assunto, mas solicitava a minha intervenção para uma ocorrência importante em nossa família.

— Pois é. Depois que eu despertei, passei o resto da madrugada pensando a respeito da situação toda. Preciso que você me ajude em meu plano.

— Plano?

— Como você é solteira e vive completamente independente na capital, pensei em mandar a Sílvia para ficar com você, até o momento em que dê à luz. Em seguida, trato do processo de adoção por algum casal interessado. Essa é a melhor opção que encontro, para não transformar esse episódio em um verdadeiro escândalo. Caso contrário, essa menina faz o aborto ou vou colocá-la na rua.

— Não seja tão cruel com a Sílvia. Parece que você nunca cometeu seus erros na vida.

— Esse pelo menos, não.

— Mano, você está sendo um falso moralista.

Esse arranjo que você pretende não será encobrir um erro com outro?

— Você vai me ajudar ou não? Caso não possa, vou encaminhar as coisas do meu jeito...

Clarissa percebeu que a discussão diante de todo o conservadorismo do irmão levaria aos piores resultados. Talvez aceitar a proposta, por mais esdrúxula que pudesse parecer, seria, pelo menos inicialmente, o melhor caminho. Quem sabe ele mudaria de opinião com o passar do tempo? Depois de ligeira reflexão, respondeu:

— Está bem. Faça os preparativos e traga a Sílvia. O que a Noêmia pensa disso tudo?

— Ora, Clarissa. E você acha que eu vou deixar que ela administre esse imbróglio todo? É capaz de Noêmia colocar tudo a perder, querendo ficar com a Sílvia e a criança aqui em casa. Isso eu não vou permitir. Está decidido! Levo a sua sobrinha ainda nesta semana, está bem?

— Sim. Beijos para todos.

— Passe bem e obrigado.

Richard, Saulo e Camillo acompanhavam o desenrolar dos acontecimentos. O mentor de Deolinda, virando-se para os companheiros, comentou:

— Apesar da dureza do nosso irmão, a gravidez de Sílvia não está comprometida com medidas totalmente contrárias às Leis de Deus.

— Sim, concordo — respondeu Saulo.

— Imagine, Richard, quando ele souber que a filha está grávida de gêmeos? — completou Camillo.

Richard, que sempre mantinha uma atitude mais introspectiva de uma maneira geral diante dos assuntos tratados, sorriu e finalizou:

— Teremos que tomar muito cuidado, para que ele não venha a sofrer um enfarto do miocárdio, não?

— Concordo plenamente — responderam os outros dois amigos em uníssono.

CAPÍTULO 28

PEDIDO DE AUXÍLIO

Os meses foram passando, e os Espíritos envolvidos em nossa história, tanto os componentes do mundo espiritual como os do plano físico, seguiam suas vidas normalmente.

Jonathan cumpria com o seu programa de trabalho, visitando a matriz na capital do estado com regularidade. Os serviços na casa espírita e no orfanato seguiam tranquilos e a saúde e desenvolvimento das crianças surpreendiam favoravelmente.

Em um dos encontros com o diretor de vendas, após o término da reunião, já próximo da hora do almoço, Jonathan foi convidado para que almoçassem juntos. Saíram ambos do escritório em direção a um restaurante próximo. Depois de acomodados e servidos, o diretor iniciou o assunto:

— Jonathan, gostaria de tratar de um ponto particular com você. Posso?

— Sim, Lourival, é claro que pode. Do que se trata?

— Tenho, melhor dizendo, minha família toda possui laços de amizade com outra, que reside em uma das grandes cidades de nosso estado e estão, no momento, vivendo um drama, que talvez você pessoalmente possa ajudar.

— É algo grave?

— Para esses meus amigos, que são conhecidos de meus familiares há mais de duas gerações, cujo conservadorismo é um tanto exagerado, possui uma gravidade quase que mortal.

— Sério? Desculpe perguntar, mas o que aconteceu?

— Não é necessário desculpar-se e, como preciso de seu auxílio, você merece os detalhes. Acontece que a filha de um dos nossos amigos está grávida e foi transferida para Porto Alegre já faz alguns meses, onde dará à luz e, logo após, eles irão entregar a criança para adoção. Clarissa, a tia da moça, está preocupadíssima diante da situação toda...

— Posso imaginar, Lourival...

— Como você comentou que trabalha em um orfanato em sua cidade, conversando com Clarissa inicialmente, expus que havia tomado conhecimento de seu serviço voluntário e perguntei a ela se poderia lhe fazer uma consulta sobre o processo adotivo. Ela aceitou imediatamente.

— Bem, Lourival... Preciso falar com o dirigente de nossa instituição sobre os aspectos legais de um caso como esse. Temos orientação dos órgãos oficiais especializados nessa área, que deverão ser respeitados. De minha parte, estou surpreso e agradecido pela confiança. Tratarei desta questão o mais breve possível. Retornando à minha cidade, consultarei o nosso dirigente e ligo lhe dando uma posição. Você sabe que talvez precisemos de certo tempo para as respostas oficiais, não?

— Naturalmente que sim. Aliás, peço que me desculpe estar lhe pedindo isso, mas, honestamente, em casos assim tão delicados, precisamos recorrer a pessoas que tenham conhecimento dentro deste campo. Espero que me entenda, Jonathan...

— Completamente. Fique tranquilo. Farei o que puder para auxiliar.

Encerrado o almoço, retornaram ao escritório, onde Jonathan participaria de mais algumas reuniões na parte da tarde. No entanto, a partir da conversa que tivera com Lourival, o jovem passou o restante do dia intrigado. O que ocorria na realidade era o despertamento, em seu íntimo, dos encontros com os amigos espirituais durante o período do repouso físico, quando desdobrado. As recomendações surgiam agora, como intuições, em virtude do material todo estar arquivado em seu inconsciente.

Perguntava-se: "Quem seriam essas pessoas? Se ele especificamente tinha sido procurado, deveria haver alguma ligação. Porém, onde se encaixaria tudo isso?".

O mentor de Deolinda, que o acompanhava proximamente, procurou o Doutor Francis, solicitando algumas orientações adicionais. Após as saudações de praxe, expôs sinteticamente os últimos acontecimentos.

— Excelente, meu caro Richard. O programa está sendo levado a bom termo até o momento. Para tranquilizar os nossos amigos diretamente envolvidos no episódio, faremos uma reunião com todos. Convidaremos o Coronel e sua família, Jonathan, Kelly e o nosso estimado Gustavo. Vamos providenciar para que esse nosso encontro ocorra daqui a dois dias. Peço que você solicite a Saulo providências para que o Coronel não cometa excessos em sua alimentação, facilitando o seu desdobramento do corpo material, quando de seu repouso.

— Pode contar comigo, Doutor. Tomarei as medidas que se fizerem necessárias. Obrigado.

— Não tem por que agradecer. Afinal, estamos no mesmo time, não?

— Sim, no time de Jesus — respondeu Richard bem-humorado.

CAPÍTULO 29

A REUNIÃO

Richard explanou para Saulo e Camillo sobre a reunião que seria realizada e a recomendação em relação ao Coronel. A pedido do Doutor Francis, teriam que minimizar o impacto, não somente da alimentação, mas também do drinque no fim do expediente, cuja desculpa era o relaxamento diante das atividades estressantes do dia.

O trio de mentores chegou ao início da noite na casa do Coronel e encontrou-o com o copo de whisky na mão.

Estava em sua terceira dose, experimentando algumas castanhas condimentadas, quando Saulo, maior conhecedor de anatomia humana, falou com os amigos:

— Observem como está o estômago do nosso irmão. O álcool já tomou boa parte e o consumo das castanhas e amendoins apimentados vai funcionar como uma verdadeira bomba no fígado, gerando indisposição e dor de cabeça, principalmente durante a noite. O Coronel é hipertenso e, apesar da medicação de controle, o descaso com a alimentação e a bebida encurtará em muitos anos a sua existência física. Às vezes, cremos falsamente que basta a utilização de um medicamento para continuar-mos a manter os mesmos hábitos. Em sua idade, deveria observar com maior cuidado a saúde, que aos poucos vai se ressentindo. É lamentável, porque a genética em sua organização fisiológica é extre-mamente generosa. Uma verdadeira pena que seja tão negligenciada. Todavia, esse coquetel explosivo irá facilitar em muito nosso trabalho, para que uma leve indisposição, durante os próximos dias, faça-o recorrer aos alimentos mais leves e saudáveis.

— É o remédio amargo que cura, não, Saulo? — perguntou Camillo.

— Sim. Ao mesmo tempo em que interferimos em seu estado fisiológico, para que atenda à reu-nião programada, estamos beneficiando-o em sua saúde, nem que seja no curto prazo, fazendo que ele seja obrigado a ter maior atenção consigo próprio.

— Richard, enquanto eu e Camillo operamos as energias nos centros de força gástrico e esplênico, inspire o nosso irmão para que repense na maneira como vem tratando de seu invólucro físico.

Não demorou muito para que as aplicações ener-géticas nos centros de força do Coronel se fizessem sentir na organização somática. Subitamente, ele registrou uma indisposição estomacal. Falando consigo mesmo, disse:

— Esses amendoins devem estar velhos demais... Não caíram bem...

O mentor aproveitou a deixa e inspirou-lhe os próximos pensamentos.

— Talvez eu tenha que eliminar o uso do álcool e alterar a alimentação, conforme recomendação médica. Desta forma, vou acabar morrendo mais cedo, deixando esposa e filha ainda muito jovem e inexperiente.

Acreditando que fazia uma reflexão, apesar de estar recebendo os influxos de Richard, continuou:

— O que será de Noêmia e de Sílvia, com esse problema todo para administrar? Como irão fazer, caso eu falte subitamente? Preciso prestar maior atenção em mim mesmo...

E Saulo comentou:

— Utilizando o exemplo da natureza, é só deixar a água limpa jorrar sobre a fonte contaminada para ocorrer a devida purificação. Com a indução mental que você acaba de fazer, Richard, ele terá material suficiente para as suas reflexões, uma vez que a resposta orgânica de mal-estar vai continuar estimulando-o pelos próximos dois ou três dias. Podemos ir...

Chegada a noite da reunião, o Doutor Francis solicitou que os amigos se encarregassem de assistir os convidados, transportando-os até um dos ambientes ajardinados do hospital. No horário acordado, todos estavam presentes.

O Coronel demonstrava maior dificuldade em entender onde se encontrava exatamente. Com sua postura rígida, inclusive dentro dos preceitos religiosos, extremamente dogmáticos, oferecia maior resistência.

Sílvia, ligada aos reencarnantes, tinha sua aura iluminada pela bênção da maternidade, mas também não entendia bem o que se passava, bem como Noêmia, sua mãe.

O Doutor Francis fez uso da palavra, convidando a todos para a prece do *Pai Nosso*. O Coronel, Noêmia e Sílvia ajoelharam-se em sinal de respeito, bem ao modo da religião que esposavam.

Feita a belíssima oração ensinada pelo Mestre Jesus, o facultativo assim se expressou:

— Convidamos os nossos queridos irmãos, não somente para rememorarmos os compromissos diante de nossas próprias consciências, mas também para nos fortalecermos em vibrações, para que esses mesmos compromissos não sofram solução de continuidade. Apesar de sermos compreensivos dentro dos aspectos educacionais vigentes na época e no país que nos vinculamos no momento, não significa aprovação irrestrita às nossas defecções diante da Lei de Deus. O programa que é levado adiante é de importância fundamental para os Espíritos envolvidos em trama obsessiva, há mais de quinhentos anos, sem proveito algum para a evolução deles mesmos, sendo então, neste instante, o mais importante, auxiliá-los a se desvencilharem do ódio que mantêm e os aprisiona uns aos outros. Isso não significa dizer que as atitudes de abandono em relação à maternidade e suas responsabilidades inerentes fiquem relegadas ao esquecimento diante das Leis de Deus. No entanto, não estamos aqui para acusar quem quer que seja nem sequer elogiar a atitude deste ou daquele, mas, sim, para solicitar em nome do Altíssimo, que mantenhamos nossa fé em Sua bondade e em Seu amor por todos nós, lembrando que é necessário auxiliar o semelhante como irmão nosso e isso não consiste em nenhuma obrigação, mas, sim, nosso dever, como criaturas conscientes que somos. Estamos distantes das atitudes instintivas, para tratar o nosso próximo como se fosse presa ou predador. Somos filhos de Deus e conquistamos a faculdade do raciocínio contínuo, da razão e do discernimento; portanto, utilizemos esses recursos, para procedermos com o respeito devido ao semelhante. Agradecendo a atenção de todos, peço a Deus e ao Nosso Senhor e Mestre, que nos sustente no propósito do bem e da verdade.

Convidando Gustavo para a prece, o Doutor Francis deu o encontro por encerrado.

Os mentores encarregaram-se do retorno de cada participante ao seu ambiente doméstico e, quando se dirigiam ao hospital, Saulo comentou com Richard e Camillo:

— Nunca vi o Doutor Francis ser tão sintético e firme em suas recomendações como hoje. Dava-me a impressão de que agia como um pai que educa o filho desatento.

— Concordo com você, Saulo. No fundo é o médico de almas que atua, utilizando do bisturi, se necessário for, para exterminar o tumor que compromete a vida — disse Richard.

Camillo concordou e finalizou:

— É o amor que corrige, mesmo que seja necessário se utilizar do elemento "dor", para que a consciência desperte.

CAPÍTULO 30

EMILY E DORIVAL

-**A** lô, Gustavo?

— Bom dia, Jonathan. Caiu da cama?

— Quase... Bom dia! Levantei-me mais cedo que o normal nesta manhã. Aliás, não consegui dormir mais, depois de um sonho que tive a noite passada. Lembro-me de que estávamos juntos.

— Justo. O sonho era real. Tenho recordações de alguns detalhes. Várias pessoas presentes, alguns mentores e um médico, que falava incisivamente sobre a responsabilidade diante de Espíritos que estão para reencarnar em breve.

— Isso mesmo. Quer saber? Existe relação com o caso que relatei a você, sobre o pedido que recebi do Lourival em Porto Alegre. A propósito, conversei com a Kelly e, sinceramente, tenho tantas intuições relativas ao bebê que irá nascer, que gostaríamos de nos candidatar para a adoção.

— Gesto nobre, Jonathan. Eu já havia sido avisado pelos mentores que trabalham em nossa casa sobre essa possibilidade. Mas, diga-me, vocês estão preparados para mais uma criança? Acabam de adotar um casal...

— Gustavo, você sabe como é o coração de mãe. Onde cabe um, cabem dez, não?

— Sem dúvida. Para o amor, não existe medida nem tampouco quantidade.

— Muito bem. Vou precisar de sua ajuda nos procedimentos junto aos envolvidos, os trâmites oficiais e assim por diante...

— Com certeza. Passe-me os telefones de contato do Lourival e iniciarei as tratativas. Será bom que, num primeiro momento, você mesmo não esteja envolvido diretamente. Caso seja necessário, irei pessoalmente tratar do caso. Creio ser a melhor medida. O que acha?

— Perfeito. Vou comunicar à Kelly. Por favor, anote os números dos telefones... Gustavo, você sabe de minha gratidão a você, não?

— Jonathan, agradeçamos sempre a Deus, Nosso Pai, e a Jesus a oportunidade em servir.

As tratativas para a adoção começaram a ser gerenciadas pelo competente Gustavo e o desenrolar dos fatos estavam sendo mais rápidos do que o normal. O Coronel, em virtude de seus interesses, estava dando uma ajudinha com a sua influência.

Pouco tempo depois de iniciado o processo, Gustavo, que se encontrava na capital, telefonou para Jonathan.

— Tudo bem com você, meu amigo?

— Sim, tudo em ordem. Muito trabalho essa semana...

— Bem, tenho uma notícia interessante sobre o andamento do caso.

— Fale, por favor...

— Não tenho contato direto com a futura mãezinha e seus familiares por motivos éticos, obviamente. Porém, fui informado há pouco pela assistente que está cuidando de todo o processo, que a jovem dará à luz gêmeos.

— Gêmeos?...

— Você é um sortudo, Jonathan. Logo gêmeos... Sua família não para de crescer...

— Gustavo, com certeza é a influência de Meimei[1] no orfanato, que está trazendo essas crianças para nós.

— Se é Meimei, não posso afirmar exatamente, mas que você e Kelly são abençoados pelos mentores amigos, disso eu tenho certeza. Se tudo correr bem, no prazo máximo de quatro meses, as crianças já terão nasci-

---

1 Espírito elevado que cuida de crianças no plano espiritual, também conhecida como Blandina.

do e a documentação deverá estar bastante adiantada, para que o processo adotivo ocorra normalmente.

— Isso é ótimo. Obrigado mais uma vez. Cuide-se.

— Abraços, Jonathan. Muita paz!

Os meses passaram acelerados, e Sílvia deu à luz por meio de um parto cesariano, por dificuldades de dilatação. Os bebês estavam saudáveis apesar do peso reduzido. Em curtíssimo prazo, estavam nos braços de Kelly e Jonathan, que irradiavam felicidade.

Os nomes foram escolhidos por Kelly, que sonhou com as crianças, antes mesmo de elas nascerem e disse ter ouvido que se chamariam: Emily e Dorival. Com o passar do tempo, os sinais do autismo foram sendo detectados no menino, que se mostrava completamente alheio, desde o simples contato com a mãe, entre outras características que a síndrome comportamental possui. Contudo, com a dedicação dos pais, contando com o auxílio de amigos e parentes, as crianças se desenvolviam debaixo de uma educação sólida nos valores morais e principalmente evangélicos, dentro dos preceitos doutrinários espíritas, reconciliando, gradativamente, aqueles corações que se envenenaram durante séculos.

CAPÍTULO 31

CARAVANA DE NATAL

As atividades para Jonathan e Kelly não cessavam. A casa espírita havia aumentado o número de assistidos e voluntários de uma forma surpreendente, principalmente, depois dos dois programas "Pinga Fogo", da Rede Tupi, nos quais o médium Francisco Cândido Xavier, o "querido Chico", dera entrevistas com mais de três horas de duração, com volume de telespectadores considerado recorde para a época.

As Caravanas de Natal continuavam ininterruptas para Uberaba e cidades circunvizinhas. Contudo, o casal não se candidatava para a viagem, por conta dos cuidados com as quatro crianças, o trabalho voluntário no centro e no orfanato, além das atividades profissionais de Jonathan. Porém, no fim do ano de 1979, Gustavo insistiu com os amigos, para que estes fizessem um esforço para participar da Caravana, alegando que não somente os parentes poderiam ficar com as crianças, mas alguns dos voluntários se revezariam no cuidado delas. Dorival aceitava bem os cuidados de uma de suas tias, irmã de Kelly. Eles poderiam e mereciam uns dias, em companhia do amigo Chico, que nunca deixou de perguntar pelo casal e enviar-lhes a caixinha de mensagens mensalmente e um livro autografado no fim de cada ano. Emily estava para completar 7 anos e, quando soube da viagem, insistiu para acompanhar os pais. Tudo foi feito para que ela aceitasse ficar na companhia dos irmãos, principalmente de Dorival, de quem tomava conta com um carinho extremado, mas o caráter da menina era férreo e sua posição irredutível. Ela queria viajar para ver o "Tio Chico".

Jonathan, tentando convencê-la a ficar em casa, comprou uma boneca nova de presente, mas isso só acendeu ainda mais o desejo da criança em viajar com os pais. Ela disse que a boneca seria levada para que o médium pudesse dar-lhe o nome.

Os pais renderam-se diante do pedido e, no dia convencionado, lá estava Emily na janela de um dos ônibus, segurando seu precioso bebê.

A viagem transcorreu sem sobressaltos e, durante a sessão no Grupo Espírita da Prece, fundado em 1975, pelo próprio médium mineiro, Emily dormiu várias horas sentada em um dos bancos de madeira disponíveis no centro, recostada no ombro do pai.

Ao término do trabalho, quando o pessoal se organizou em fila para se despedir do querido amigo, Emily despertou.

Aguardou pacientemente seus pais se aproximarem de Chico e, quando foi sua vez de despedir-se, Kelly adiantou ao médium o porquê da visita da filha. Este abraçou e beijou demoradamente a criança, perguntando em seguida:

— Finalmente você voltou não, minha filha? Os pais e Gustavo entreolharam-se sem dizer uma palavra. Sabiam que Chico via além do corpo e do momento presente. O médium naquele instante, por sua clarividência, registrava a presença do Doutor Francis, Richard, Saulo e Camillo, que sorriam felizes e satisfeitos.

— Tio Chico, eu trouxe a minha boneca para o senhor escolher o nome. Eu já sei que papai Noel não existe e mamãe disse que quem nos dá tudo é Deus, o Papai do Céu.

— Que beleza, minha filha! Estou vendo que a boneca é tão linda como você. Deus realmente é muito bom para nós, não é? Como Ele é tão bom e a sua boneca é tão linda, que tal darmos o nome para ela de Deolinda?

A menina abraçou e beijou o rosto do querido missionário, parecendo, por um instante, ter-se despertado de seu enclausuramento corpóreo, que, em geral, neutraliza as manifestações do Espírito. Olhando profundamente para os olhos de Chico, completou:

— Adorei. Deus e linda: Deolinda!!!